差がつく 練習法

柔道 世界で勝つための実戦的稽古

著　林田和孝 東海大学付属相模高等学校柔道部総監督

INTRODUCTION
はじめに

柔道の練習だけをしておけばよいというわけではない
革新的な視線で発想を広げていくことが重要

柔道の選手として強くなっていくには、柔道の練習だけをしておけばよいというわけではありません。幅広い視野で練習に取り組み、総合的な競技力を養っていく必要があります。

　世界の柔道選手たちを見ていると、たとえばロシアの選手はサンボ、韓国の選手はシルム、モンゴルの選手はモンゴル相撲と、その国々の組技格闘技の経験者がじつに多いのが実情です。つまり、ほとんどの選手たちは柔道以外の格闘技のエッセンスも身につけているのです。

　日本において、柔道は長い歴史を持っています。しかしながら、現在の技術体系が柔道の完成形であるとは、私は考えていません。組手ひとつをとっても、改良、改善できる余地がたくさんあるはずです。また、実戦で活きる技は、ルールによっても変わってきます。ルールが変更されれば、当然のことながらそのルールに沿った練習を行うことも必要です。

　さらには、基礎体力を養うことも大切です。技は練習すればいくらでもうまくなります。ですが、基礎的な体力がなければすぐに息が上がってしまい、そのうまくなった技をかけることも不可能となります。外国人選手にパワーで振り回され、なんの抵抗もできないようでは自分の柔道もできません。技と同等、いやそれ以上に基礎体力は重要な意味を持っています。

　しかし、外国人選手のようなパワー系トレーニングが必須科目になるかといえば、そうではありません。その外国人選手に攻められたときに自分の身を守れるだけの体力があればいいのです。その守ったときに"技"が活きてきます。パワーで勝る必要はないのです。

　柔道選手にとって大事なのは、陸上競技にたとえるならば、「100m」「400m」「1500m」をしっかりと走り切れる体力。100mダッシュでの瞬発力、400m走でのパワー＆スピード、1500m走での持久力です。倒立やハンドスプリングがこなせるだけの身体能力も不可欠です。自分の体をコントロールできないのに、相手をコントロールすることなんてできません。

　それらの基礎体力、身体能力を高めていくには、やはり柔道以外の練習にも取り組んだほうがよいでしょう。週に1回はラグビーやサッカーのトレーニングを行ってみたり、補強でウエイトトレーニングを行った翌週は水泳をやってみたり。自転車やボルダリングなどでもいいしょう。我々、東海大学付属相模高等学校柔道部では陸上部の投てきのグループと一緒にトレーニングを実施することもあります。保守的ではなく、革新的な視点で物事を見つめ、発想を広げながら練習と向き合っていくことが大事だと思います。

　この本に記載されている内容が柔道の練習の「すべて」ではなく、また「絶対」でもありません。練習方法はまだまだたくさん存在します。皆さんには、ここからさらに発想を広げて、練習に取り組んでいただきたい。本書が発想を転換するキッカケや、今後の練習のヒントになれば幸いです。

東海大学付属相模高等学校柔道部総監督

林田和孝

CONTENTS
目次

2 ──── はじめに

第1章 準備運動

回転運動

10 ────	Menu001	前転・後転
11 ────	Menu002	開脚前転・開脚後転
12 ────	Menu003	倒立前転・後転倒立
13 ────	Menu004	倒立歩行
14 ────	Menu005	側転
	Menu006	前回り受け身
15 ────	Menu007	ハンドスプリング

寝技運動

16 ────	Menu008	畳這い
17 ────	Menu009	エビ
18 ────	Menu010	逆エビ
19 ────	Menu011	横エビ
20 ────	Menu012	肩歩き
21 ────	Menu013	クモ歩き
22 ────	Menu014	腕立て歩き
23 ────	Menu015	すり上げ
24 ────	Menu016	だっこ
25 ────	Menu017	ブリッジ
26 ────	Menu018	回転ブリッジ

第2章 受け身

28	Menu019	後方受け身
36	Menu020	側方受け身
40	Menu021	前方回転受け身
48	Column ①	柔道は「負けること」を想定した競技!?

第3章 打ち込み

50	Menu022	二人打ち込み
52	Menu023	相互打ち込み
54	Menu024	連続打ち込み
56	Menu025	奇襲技の打ち込み
58	Menu026	返し技の打ち込み
60	Menu027	喧嘩四つ対策の打ち込み
62	Menu028	三人打ち込み
68	Menu029	サーキット式打ち込み
72	Menu030	引き出し・単発技の移動打ち込み
74	Menu031	引き出し・連絡技の移動打ち込み
76	Menu032	追い込み・単発技の移動打ち込み
78	Menu033	追い込み・連続技の移動打ち込み
80	Menu034	場外際で相手に追い込まれてからの切り返し技
82	Menu035	場外際に相手を追い込んでからの引き出し技
84	Column ②	覚えるのは相手と胸を合わせる足技から

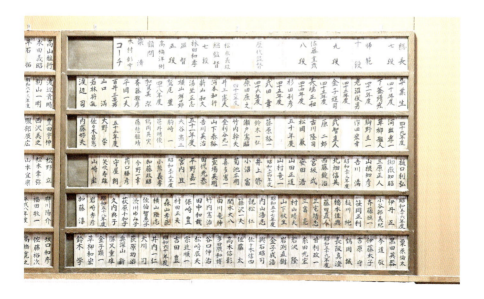

第4章 組手

- 86 ── 組手の基本形
- 88 ── Menu036　相四つの対策
- 89 ── Menu037　喧嘩四つの対策
- 90 ── 「しぼり」や「きる」技術を覚えよう
- 94 ── Menu038　ペナルティー柔道衣を使っての組手

第5章 立ち技

- 100 ── Menu039　背負い投げ
- 102 ── Menu040　大内刈りから背負い投げ＜連絡技＞
- 104 ── Menu041　背負い投げから小内刈り＜連絡技＞
- 106 ── Menu042　大外刈り
- 108 ── Menu043　大内刈りから大外刈り＜連絡技＞
- 110 ── Menu044　大外刈りから支釣込足＜連絡技＞
- 112 ── Menu045　内股
- 114 ── Menu046　大内刈りから内股＜連絡技＞
- 116 ── Menu047　大内刈りからケンケン内股＜連絡技＞
- 118 ── Menu048　肩車
- 120 ── Menu049　内股すかし

第6章 寝技の部分稽古

124		寝技の基本五大技を知る
125		抑え込みの原理
127	Menu050	足絡みの外し方（一重絡み）
130	Menu051	四つん這いの相手を返す（横から）
132	Menu052	四つん這いの相手を返す（後ろから）
134	Menu053	基本的な三角絞め（俗称：横三角）
138	Menu054	横三角・応用編
140	Menu055	横からの三角（俗称：縦三角）
142	Menu056	背面からの三角（俗称：後三角）
144	Menu057	引き込んでの三角（俗称：前三角）
146	Menu058	抑え込みを逃げながらの三角
149	Menu059	足三角
152	Menu060	十字から三角に切りかえる
154	Column ③	寝技と立ち技の大きな違い

第7章 フィジカル強化

156	Menu061	アジリティトレーニング
165	Menu062	「引きつける力」を養う筋力トレーニング
166		パワープレートを活用する
172		おわりに

本書の使い方

本書では、写真や図、アイコンなどを用いて、一つひとつのメニューを具体的に、よりわかりやすく説明しています。写真や"やり方"を見るだけでもすぐに練習を始められますが、この練習はなぜ必要なのか？　どこに注意すればいいのかを理解して取り組むことで、より効果的なトレーニングにすることができます。普段の練習に取り入れて、上達に役立ててみてください。

▶ 身につく技能が一目瞭然

練習の難易度、その練習から得られる能力や効果を具体的に紹介。自分に適したメニューを見つけて練習に取り組んでみましょう。

▶ ワンポイントアドバイス

掲載した練習法をより効果的に行うためのポイントの紹介です。

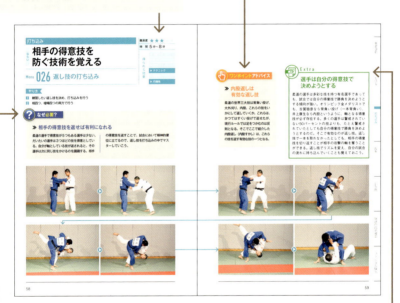

▶ なぜこの練習が必要か？
練習のポイントと注意点

この練習がなぜ必要なのか？　実戦にどう生きてくるのかを解説。また練習を行う際のポイントや注意点を示しています。

▶ Extra

練習にまつわるエピソードやどんな場面で行うが効果的かを紹介します。

そのほかのアイコンの見方

 掲載した練習法の形を変えたやり方の紹介です

 より高いレベルの能力を身につけるためのポイントや練習法です

第1章
準備運動

実戦で活躍するためには、まずは「柔道の動き」だけではなく、
総合的な動きに対応できる体力や神経を養う必要がある。
またこれらの準備運動を行うことで、
体の柔軟性や巧緻性（器用さ、神経の働き）を高められる。

準備運動〜回転運動

柔軟性、巧緻性を高め、身のこなしを良くする

ねらい

Menu 001 前転・後転

難易度 ★★☆☆☆
時間 5分〜8分

得られる効果
▶ スピード
▶ スタミナ
▶ パワー
▶ テクニック
▶ 柔軟性
▶ 巧緻性

前転

▲前に回るときはアゴを引いて脳天をつかないようにして回る

後転

▲両手を耳の横について真っすぐ回るようにする

 なぜ必要?

≫ ケガをしない身のこなしを養う

回転運動は畳を有効に活用した準備運動。受け身にも関連していく動作であり、体の柔軟性や巧緻性を高めてケガをしないための身のこなし方が養われる。

準備運動〜回転運動

Menu 002 開脚前転・開脚後転

前転・後転に続いては足を開いて行う開脚前転と開脚後転。
早くやる必要はないのでしっかりヒザを伸ばすようにして行うこと。

開脚前転

▲足を開いたときはヒザが曲がらないように注意する

開脚後転

▲柔軟性を高めることを意識して開脚する

⚠ ポイント
お尻をつけたままにしない

開脚前転、開脚後転で回転した後はお尻を畳につけたままにしない。手を畳につけて、お尻を上げて次の動作に移れるようにする

準備運動〜回転運動

Menu 003 倒立前転・後転倒立

倒立してからの前転・後転。倒立ができなければ、
P15のハンドスプリングも行えないのでしっかりと練習しておこう。

倒立前転

▲倒立するときは頭を上げておじぎ状態にならないこと。前転のタイミングでアゴを引くように

後転倒立

▲後転の姿勢から足を真上に蹴り上げるようにして倒立する

準備運動～回転運動

Menu 004 倒立歩行

倒立前転、後転倒立の次のステップは倒立歩行。倒立した状態で両腕を使って歩く。
バランス感覚と上半身の筋力が養われる。

> ⚠ ポイント　**背中を伸ばす**

倒立歩行のポイントは頭を上げて背中を伸ばして体を真っすぐにすること。体が反っていたり、お尻が突き出ていたりすると、バランスが悪くすぐに倒れてしまう

準備運動〜回転運動
Menu 005 側転

バランス感覚を養うためにもってこいなのがこの側転。
必ず片方向だけでなく、左右両方行うようにしよう。

⚠ ポイント **ヒジ、ヒザを伸ばす**

回転するときはヒジ、ヒザをしっかり伸ばして行うこと

準備運動〜回転運動
Menu 006 前回り受け身

▲まずは基本的な前回り受け身を行い、次に左右大きく2回ずつ。前回り受け身の基本はP40で解説

準備運動〜回転運動

Menu 007 ハンドスプリング

実戦で相手を投げるには、まずは自分の体をコントロールする必要がある。
この運動を行うことで体のコントロール能力が高まり、またケガの防止にもつながる。

⚠ ポイント 倒立をしっかり

ハンドスプリングは倒立の延長線上にある。まずは倒立でしっかり体を支えられなければいけない。
倒立のときと同様、背中を丸めないで勢いをつけて回転する

準備運動～寝技運動

寝技の攻撃、防御に必要な動きを身につける

ねらい

難易度 ★★★★★
時間 5分～8分

得られる効果
▶ スピード
▶ スタミナ
▶ パワー
▶ テクニック
▶ 柔軟性
▶ 巧緻性

Menu 008 畳這い

やり方

1. うつ伏せになって下腹部を畳につけて足を左右に開く
2. ワキを絞るようにして前についた手を自分のほうに引き寄せて体を前進させる
3. これを畳の端から端まで続ける

実戦での形

❗ ポイント

上四方固めをイメージする

この畳這いは上四方固めで抑え込んだときと同じ形になるので、実戦をイメージして行うこと。下腹部をしっかりと畳につけて、足を開いてワキを絞るように

❓ なぜ必要？

≫ 寝技の動きを覚える

寝技における攻撃、防御の基本姿勢を準備運動のなかに織り込むことで、柔軟性、巧緻性とともに実用性のある動きを自然と身につけられるようになる。技の練習だけでなく、準備運動の段階でこういった練習を取り入れていこう。

準備運動〜寝技運動

Menu 009 エビ

やり方

1. 仰向けの状態から体をエビのように曲げながら畳を足で蹴って、頭の方向に進んでいく

実戦での形

ポイント

抑え込みから逃げる形

寝技で相手が足の方向から抑え込みにきたときの逃げ方と同じ動きとなる。実戦で使える動きを身につけよう

準備運動〜寝技運動

Menu 010 逆エビ

やり方

1. 仰向けの状態から肩と足で体を跳ね上げながら、足の方向に進んでいく

実戦での形

> ⚠ **ポイント**
>
> ### 頭の方向からの抑え込みから逃げる
>
> 逆エビは寝技で相手が頭の方向から抑え込みにきたときに逃げる形と同じ。実戦で使えるようにこの動きを身につけよう

準備運動〜寝技運動

Menu 011 横エビ

やり方

1. 仰向けに寝て、肩と腹筋で体を跳ね上げながら横方向に進んでいく
2. 反対方向も同様に行う

▲Menu009エビ、Menu010逆エビの応用編。
エビ、逆エビの動きを合わせて横方向に動く

▲背筋と腹筋を使いながら横方向へ。
片方向だけではなく左右を行う

準備運動〜寝技運動

Menu 012 肩歩き

> やり方

1. 仰向けになって足と肩を使いながら進んでいく。進む方向は、頭方向、足方向、両方やること

> ポイント

寝技のバランスを覚える

Menu009のエビとMenu010の逆エビの応用。仰向け状態で体を動かすバランス感覚をつかみ、寝技における対応力を高める

準備運動～寝技運動

Menu 013 クモ歩き

やり方

1. 四つ這いから両ヒザを上げた姿勢をとり、右ヒジと右ヒザ、左ヒジと左ヒザを近づけながら、腰を入れて前進する

Point!
ヒジとヒザを近づける

ポイント 体は畳と平行を保つ

クモ歩きで前進する際、お尻が上がってしまうのはNG。体は畳と平行を保って低い姿勢のまま前進していくこと

準備運動〜寝技運動

Menu 014 腕立て歩き

> やり方

1. 腕立て伏せの動作から両腕を交差させて横方向に移動。これを繰り返す。進行方向は左右両方ともやること

> ポイント　寝技に必要な筋力を強化

普通の腕立て伏せに横移動の動きが加わり、より寝技に必要な筋力と体の動かし方を養うことができる

準備運動〜寝技運動

Menu 015 すり上げ

やり方

1. 足を大きく開き、ワキを閉じたままヒジを曲げ、上体を前方にスライド。伸び上がってから元の体勢に戻り、足を腕の位置に揃える。両手を前につき、同じ動作を繰り返しながら前方に移動する

⚠ ポイント　ワキは開かない

すり上げ式の腕立て伏せで前進していく形だが、必ずワキは閉じて行うこと。寝技の動きとリンクしているため、ワキを開いた形は好ましくない

準備運動〜寝技運動

Menu 016 だっこ

やり方

1. 二人一組で行う。尻餅をついた状態で相手の両襟をつかみ、引き込みながら両足で相手を持ち上げて、足の方向に移動していく

ポイント　柔軟性も大事

相手を足で持ち上げる。筋力も大事だが柔軟性も意識しながら行うように

準備運動〜寝技運動

Menu 017 ブリッジ

試合で頭を打ったり、ケガをしたりしないように、首はしっかりと鍛えておきたい。
前ブリッジ、ブリッジともに50回ずつを目安にやろう。

前ブリッジ

> ⚠️ **ポイント** 首を柔らかくする
>
> 首を前後左右に動かして強く、柔らかくする。前に倒すときは後頭部が
> つくように、左右に倒すときは耳がつくように

ブリッジ

> ⚠️ **ポイント** 首が弱いうちは手で支えて
>
> 腕は組んだ状態で首と両足で支えるブリッジ。しかし、首の力が弱いう
> ちはケガをしたり、痛めたりしないように両手で支えながら行うように

準備運動〜寝技運動

Menu 018 回転ブリッジ

やり方

1. 頭を畳につけて前方に回転してブリッジ。横に回転して向きをかえて前方に回転してブリッジ。これを繰り返す。5回を目安にやろう

第2章
受け身

試合でも稽古でも、柔道では必ず相手に投げられる。
その際に必要になってくるのが受け身の技術。
受け身を身につけておかなければ、ケガや事故といった事態を招きかねない。
強くなるために、また自分の身を守るためにもしっかりと練習しよう。

受け身

頭を打たない姿勢、体の丸め方を覚える

ねらい

Menu **019** 後方受け身

難易度 ★★★★★
時間 3分〜5分

得られる効果
▶ テクニック
▶ 柔軟性
▶ 巧緻性

長座からの後方受け身

STEP.1 スタート姿勢

ヒザを伸ばしたまま

◀指導書などでよく紹介されている「長座からの受け身」は足を伸ばした状態から始まるものが多いが、それでは試合との関連性がない。試合で動いているときは足が伸びきったままということはないからだ。また、ヒザを伸ばしたまま後方に倒れると背中も真っすぐになってしまうため、体を丸めづらく、頭を打ちやすくなる。

ヒザを少し曲げて背中を丸める

◀まずは足裏を畳につけ、ヒザを曲げた姿勢を作る。足の位置は多少は前後してもよい。この姿勢を取ることで背中にも丸みが出る。ヒザを曲げることで側方受け身との関連性が生まれ、より合理的で実戦的になる。

❓ なぜ必要？

≫ 腕の角度や体の丸め方などを覚える

実際の試合では後方受け身は使われない。しかし、受け身をとる際の腕の角度や体の丸め方などを覚えるためには後方受け身の練習が必要である。

STEP.2 頭を打たない姿勢を作る

⚠ ポイント
アゴを引く

受け身でもっとも重要なのは「頭を打たない」こと。その姿勢を作るために、帯に視線をやり、しっかりとアゴを引く

⚠ ポイント
アゴが引けない場合

中学生や高校生でも首や腹筋の筋力が弱く、しっかりとアゴが引けない選手もいる。その場合は顔を横に向けて視線を落とす。鎖骨にアゴを近づけるイメージ。大事なのは後頭部を打たないことなので、顔の向きは必ずしも真下を向かなくてもいい

 ワンポイントアドバイス

》 最初は手を使わなくていい

腕を組み、「起き上がりこぼし」のように後方に倒れ、元に戻る。アゴを引き、頭を打たないようにする。これができるようになったら、徐々に足の蹴りを強くしていこう。最終的には手を合わせることになるが、第一段階は体を丸めること、頭を打たないことなので、手は気にしなくていい。手を打つことを考えて頭を打ってしまったら本末転倒だからだ。

STEP.3 受け身の基本姿勢を覚える

やり方

1. アゴを引いた状態で畳に背中をつけ、帯の30cmほど上で両手を交差させる。腕を横に開き、畳を強く打つ

Point!
打った手は戻す

👆 ワンポイントアドバイス

» **ワキの角度は45度**

畳を打つときのワキの角度は約45度。腕を横に伸ばしてそこから半分下げたところ、と覚えると感覚もわかりやすい。これはすべての受け身において共通する角度。側方受け身、回転受け身など、受け身によって角度は変化しないので、感覚をしっかり身につけておこう。

👆 ワンポイントアドバイス

» **畳を打った手は必ず戻す**

ワキの角度を覚える練習をするなら最初から寝た状態でスタートし、とにかく畳に手を打つ角度だけを体に染み込ませる。受け身の基本は、投げられたり倒れたりしたときに受けた衝撃を体の外へ逃がすことにある。畳を手で打つときに押さえたままだと衝撃が体の外に逃げない。衝撃を逃がすためにも畳を打った手は素早く元に戻すようにすること。

STEP.4 長座姿勢からの後方受け身（実践）

やり方

1. ヒザを曲げた「体育座り」の状態から「起き上がりこぼし」の動作で後方に倒れ、受け身の基本姿勢に合わせて畳を打つ

ワンポイントアドバイス

≫ 帯の結び目でタイミングを取る

受け身のタイミングが合わない場合は、帯の結び目を腰の横に持ってくるといい。結び目が畳につくタイミングで受け身をとるようにしよう。

結び目を真後ろに持ってくると畳につく際に腰に痛みが走るので注意。

蹲踞姿勢からの後方受け身

> やり方

1. 長座姿勢からの後方受け身よりも一段高い位置からの受け身。腕を前に伸ばした状態から、「8」の字を描きながら後方に倒れる

ワンポイントアドバイス

>> 長座で覚えたポイントは忘れずに

スタート姿勢は変わるが、受け身の基本は変わらない。アゴを引いて背中を丸めること、ワキの角度は45度、畳を叩いた手はすぐ戻すこと。

スタートの高さが変わっても基本を実行できるようにしていこう。

ワンポイントアドバイス

≫ 腕は「8」の字を描く

長座よりも高さが増したため、両手を交差させた状態から始めると受け身のタイミングがとりづらい。腕が早いとヒジをついてしまう恐れがある。そこで腕は前に伸ばした状態から、交差させて横に開く。数字の「8」の字を描くイメージで畳を打つようにしよう。

ここに注意！

≫ 腕を開きすぎない

ワキの角度は常に45度を保つこと。受け身の回数を重ねるとしだいに腕が開いていく傾向がある。腕が開いた状態で受け身をとると衝撃を逃がしづらく、また肩を痛めてしまう恐れもあるので気をつけたい。回数を重ねても常にワキの角度は45度になるように、この角度を体に覚えさせることが大事。

ここに注意!

≫ 蹲踞姿勢からの後方受け身の注意点

お尻はカカトのすぐ下

▲蹲踞姿勢からの受け身で倒れるとき、お尻はカカトのすぐ下に落とすようにすること。お尻の位置がカカトに近ければ、体をしっかり丸めて受け身の姿勢がとりやすい。

お尻を遠くにつく

▲お尻を遠くの位置に落とすと体が伸びやすく、背中を畳につけたときの衝撃が頭の方向にきてしまう。お尻は近くにつくように心がけよう。

ヒジをつく

▲受け身のタイミングが早すぎるとヒジが畳についてしまう。ケガの原因になるので注意。

アゴを引かない

▲しっかりアゴを引いていないと頭を打ってしまう。アゴを上げて体を伸ばさないようにしよう。

Arrange

二人一組での後方受け身

やり方

1. 二人一組になり、蹲踞姿勢の選手の前にパートナーが立つ
2. パートナーは受け身をとる選手の肩を押す
3. 押された勢いで倒れながら受け身をとる

Level UP!

押す力を強くする

より投げられた状態に近づけるように、押す側は少しずつ力を強くしていく。自分で倒れるときと違い、負荷が増しているが、それでも基本姿勢を保って受け身がとれなければ、実際に投げられたときにケガをしてしまう。

受け身

左右の受け身を身につける

Menu 020 側方受け身

難易度 ★★★☆☆
時間 5分〜8分

得られる効果
▶ テクニック
▶ 柔軟性
▶ 巧緻性

やり方

1. 長座の姿勢を維持したまま背中をつけ、足を上げる。足はヒザよりも高く上げる。このとき、できれば足首は90度に。写真のように右手で畳を打つ場合は、左手は帯に

基本姿勢を覚える

Point! ヒザは曲げておく
◀ 長座からの後方受け身と同様にヒザは軽く曲げておく

Point! 足はヒザより高く
◀ 背中をつけたとき、足はヒザよりも高い位置にあるように

Point! ワキの角度は約45度
◀ ワキの角度は約45度で腕を畳につける。広すぎても狭すぎても受け身の意味をなさない

Point! 腕と太もも平行
◀ 腕と太もものラインが平行になるようにして、左肩は畳から上げる

❓ なぜ必要？

» **投げられたときの受け身を覚える**

この受け身を身につけないと、次の前方回転受け身はできない。柔道は左右からの攻撃、左右からの防御があるため、側方受け身も左右を完璧にマスターしておく必要がある。「右の側方受け身は得意だが、左は不得意」といった得手不得手が生じるとケガにつながる。

👆 ワンポイントアドバイス

» **二つの平行線を作る**

上の足（写真の場合は左足）を一足長移動させ、足先が平行に並ぶ位置に置く。腕と太もものライン、足先のライン、この二つの平行線ができて完成。足先が平行になっていなければ、次の動作で立ち上がることができない。

長座から足を上げての側方受け身（左右）

やり方

1. 畳に背中をつけた状態から、跳ね上がって腰をきりながら左右の側方受け身をとる。しっかりと腰をきらないと、しだいにワキの角度が広がってきてしまうので注意。ワキの角度は常に45度をキープする

ワンポイントアドバイス

≫ 一拍子のリズムで

受け身をとった際の畳を打つ音は必ず「バン！」の一拍子。「バ、バン！」など二拍子以上になっているのは、受け身のタイミングがずれている証拠。右足が落ちて、左足が落ちて、そして手が落ちてと、三拍子になるような形は最悪。手と足で同時に畳を打つようにしよう。

Arrange
蹲踞からの側方受け身その1

やり方

1. 蹲踞の姿勢をとり、片足を大きく横に広げる。写真のように右足を広げた場合は、右腕を横に伸ばし、左手で帯を持つ。軸足（写真の場合は左足）に体重を預け、横を向きながら側方受け身をとる。伸ばしたほうの腕は「蹲踞からの後方受け身」と同様に「8」の字を描く

ワンポイントアドバイス

≫ 完全に横を向く

倒れる際には完全に体を横に向けるように。軸足を中心に体を90度回転させる。このときもお尻をつく位置はカカトの近くになるようにする。

Arrange
蹲踞からの側方受け身その2

やり方

1. 「その1」がマスターできたら、今度は足を横には伸ばさず、蹲踞の姿勢からそのまま側方受け身をとる。軸足に体重を預け、横を向きながら側方受け身をとる

ワンポイントアドバイス

» 軸足に体重を預ける

軸足には完全に体重を預けてしまう。まずは「その1」で体重を預ける感覚をつかむこと

Level UP!

必ず両側やる

側方受け身はどちらか一方できるだけではダメ。必ず左右両側できるように練習しよう。

受け身

動いた状態で受け身をとれるようにする

ねらい

Menu **021** 前方回転受け身

難易度 ★★★☆☆
時 間 5分〜10分

得られる効果
▶ テクニック
▶ 柔軟性
▶ 巧緻性

Point!
カカトの幅を肩幅に

Point!
畳のラインを使う

❓ なぜ必要？

≫ **動いた状態からでも受け身をとれるようにするため**

側方受け身、後方受け身は止まった姿勢からの受け身だったが、回転受け身は歩きながら、走って、飛んでと、動きながらの受け身。試合や乱取りでは動きの中から受け身をとる場面が出てくるので、回転受け身をしっかり身につけよう。

⚠️ ポイント　回転受け身のPOINT

- まずは畳のラインを使って練習する
- 自然本体（「休め」よりも足幅が広い姿勢）で立つ。カカト幅は肩幅くらい。ガニ股にならない
- 「動作1」「動作2」「動作3」の3つの動作で行う。「動作2」にはさらに「動作2-1」「動作2-2」「動作2-3」と3つの動作が存在する
- 動作が「左」から始まった場合は、最後の受け身は「右」で終わる。動作は必ず「左→右」「左→右」、もしくは「右→左」「右→左」と左右交互の順序になる。「右→右」「左→左」という動作はない

動作1
自然本体から片足（写真の場合は左足）を一歩前に出す

前から

横から

▶自然本体から片足を一歩前に出す。このとき、左足からスタートしたら最後の受け身の手は必ず右手になる

動作2　三つの動作を一気に行う

動作1で足を一歩踏み出した後の動作2は、細かくわけると三つの動作を同時に行っている。左足一歩に続く、動作2－1は右手を畳につく。動作2－2で出した右手の肩にアゴを乗せる。そして動作2－3は左手で手刀を作り、指先は自分のほうに向くようにする。この三つの動作が第二段階となる。

右手を畳につく（動作2-1）

▶左足から一歩目をスタートさせたので、次の動作は必ず右。右手を畳につき、右手、両足を点とする三角形を作る。右手の指先は必ず自分の方向に向ける

肩にアゴを乗せる（動作2-2）

▶続いては出した手の肩にアゴを乗せる。これは後方受け身で練習したアゴを引く動きと同じ役割になる

左手で手刀を作る（動作2-3）

▶左手で手刀を作り、頭の上から振りかぶるようにして小指を畳のラインに持ってくる。回転するときに肩が痛いという人は、この左手を引いてしまって肩から畳に落ちている可能性が高いので気をつけよう

動作3　回転して受け身をとる

動作2で回転するための形を作ったら、最後は回転して受け身をとる。左足一歩→右手をつく→左手で手刀ときたので、最後は右手の受け身になる。受け身のときに側方受け身と同じ形になっていないと、次の動作に移れないので注意しよう。

左手の手刀に添って回転

▲左手の手刀に添って回転。アゴは肩に乗せたままで頭頂部を畳ついたり、後頭部打ったりしないようにして回転しよう

ヒザは絶対につかない

▲回転して右腕で受け身をとる。ヒザは絶対につかない

⚠ ポイント
最後は側方受け身と同じ

- 「左」足を一歩前に出すところから始まったので、最後は「右」の受け身になる。動作は必ず「左→右」、もしくは「右→左」
- 最後は側方受け身と同じ形になる。「腕と太もも」「足先」この二つの平行線を作ること。これができていないと立ち上がることができない

ここに注意!

》回転するときの注意点!

ポイント1 軌道は体の中央のラインを通る「動作2-2」の手刀が回転運動の中心部になるため非常に重要。腕は必ず頭の上から持ってくるように。手刀を中心とした回転運動の軌道は体の中央のラインを通る

ポイント2 「動作3」では、左手の小指→前腕→ヒジと小指の先から順番に畳につけて回転する。すぐに腕を引いてしまうと畳に肩を打ってしまう。タイヤにたとえると、左腕がタイヤの外側の役目を果たす

立ち姿勢からの前方回転受け身

> やり方

1. 「動作1」「動作2−1」「動作2−2」「動作2−3」「動作3」の順番での前方回転受け身を行い、最後は立ち上がる

歩きながらの前方回転受け身

やり方

1. 「動作1」「動作2−2」「動作2−3」「動作3」の順番での前方回転受け身を行う。歩きながらのため「動作1」から「動作2−1」「動作2−2」「動作2−3」の4つの動きを同時に行う。左足で踏み込んだら、右肩にアゴを乗せ「動作2−3」の左腕を出す。最後は立ち上がる

Point!
歩きながら受け身へ

! ポイント 4つの動作を同時に

「動作1」から「動作2−1」「動作2−2」「動作2−3」の動作を同時に行う。踏み込んだ足と同じ側の腕の手刀を頭の上から持ってくる

走りながらの前方回転受け身

やり方

1. 走り込んで、「動作1」「動作2−2」「動作2−3」「動作3」の順番での前方回転受け身を行い、立ち上がる。

Point! 手は遠くにつく

ポイント 「高く」「遠く」「真っすぐ」

高く、遠く、真っすぐに飛ぶこと。手前に着地するほど肩を痛めやすくなる。高く飛んで、遠くに手をつく

「馬」を飛んでの前方回転受け身

やり方

1. チームメイトに「馬」を作ってもらい、走り込んでジャンプ。「走りながらの前方回転受け身」と同じ順序で前方回転受け身をとる。「動作2-3」で着地して、受け身をとって立ち上がる

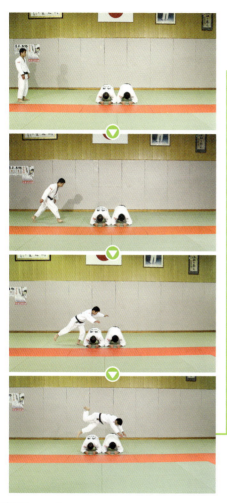

Level UP!

馬の人数を増やす

受け身のレベルが上がってきたら馬の人数を3人、4人と増やしていくといい。より高く、遠くへ飛ぶことが求められるようになり、よりしっかりした受け身の技術が必要になる。

COLUMN 1 柔道は「負けること」を想定した競技!?

　語弊のある表現になってしまうかもしれませんが、柔道とは「負けること」を想定した競技といえます。ここでいう「負けること」とは、「投げられること」を意味します。

　柔道を始めて一度も投げられたことがない選手はいないはずです。オリンピックの金メダリストであっても必ず投げられたことがあります。投げられることなく強くなっていった選手は一人もいません。柔道選手は、練習や試合で投げられて強くなっていくのです。

　そのため柔道では、攻撃するための技ではなく、まずは身を守るための受け身から身につけていきます。受け身を知らないと、投げられたときに無意識のうちに畳に手をつこうとしてします。これでは思わぬ大ケガを負いかねません。

　せっかく技を覚えても、受け身を取り損ねてケガをしてしまったら、そこで進歩は止まってしまいます。競馬のジョッキーも、落馬した際の対策として柔道の受け身を練習します。投げらないことには強くはならない。そのためには、絶対に身を守る術を知っておく必要がある。柔道にとって、受け身は非常に重要な要素です。

　しかしながら、受け身の練習はそれほど楽しいものではありません。指導者は、生徒たちを飽きさせない、マンネリ化に陥らないメニューを組んでいかなくてはなりません。私の場合は、受け身の練習と寝技の練習を平行して行うようにしています。寝技の練習は、受け身の練習と比較すると楽しさがあります。さらには、ケガをする危険性も低く、体重差の影響が少ないので、体のコントロールも覚えられます。

　いかに楽しく、正確に受け身を習得していくか。受け身を知らないと、柔道はできません。「負けること」を想定した競技といえば、なんだかネガティブな印象を与えてしまうかもしれませんが、柔道では「負けること」が強くなっていくためのひとつの大切な方法論なのです。

第3章

打ち込み

「打ち込み」は柔道の基本的な練習方法の一つであるが、これはたんなる準備運動ではない。たとえば背負い投げの打ち込みを行う場合、手首の返し、腰の回転、足のさばき方など、自分が不得意な部分、もしくは強化したい部分などを意識して取り組むと非常に高い効果を得られる。打ち込みによって何を習得するのか、目的意識を持って取り組もう。

打ち込み

正確な技の「崩し」「作り」「掛け」を身につける

Menu **022** 二人打ち込み

難易度 ★★☆☆☆
時間 5分〜8分

得られる効果
▶ スピード
▶ スタミナ
▶ テクニック

やり方

1. 「取り」（投げる側）「受け」（投げられる側）を決める。本書では青の道着を「取り」、白の道着を「受け」とする
2. さらに磨きをかけたい技、完成度を高めたい得意技など、打ち込みを行う技を決める
3. 「崩し」「作り」「掛け」の反復を行う
4. 本数や時間を決めて反復して行う

? なぜ必要？

≫ 技の正確性を身につけるため

この練習のねらいは技を反復練習することによって、体のキレを生み、技にいく感覚を覚えこませること。「崩し」→「作り」→「掛け」→「投げ」が柔道の基本だが、打ち込みでは投げまでにいかないで反復練習する。とくに崩しと作りを身につけるための練習となる。

ワンポイントアドバイス

≫ スピードよりも正確性を重視する

打ち込みで大事なのは、「崩し」や「作り」を意識して、正確にやるということ。正確に入るのが第一段階。スピードは後からつけることができるので、まずは正確な技を身につけることを重視する。

例：背負い投げの打ち込み

ワンポイントアドバイス

» **元の体勢に戻す動作も重要**

実戦では中途半端な動きでは相手に技はかけられない。打ち込みでは戻す動作も正確に行う。

Level UP!

スピード打ち込み

打ち込みで正確な技を覚えたら次のステップは総合的に速くやってみる。たとえば30秒で何本というように時間と本数を決めて、速く正確にできるように技の精度を高めていく。あくまでも正確さが大事でそれができた時点で、次に備えて速い動きの打ち込みをする。

打ち込み

より実戦に近い動きで打ち込みをする

Menu **023** 相互打ち込み

難易度 ★★★
時　間 5分〜8分

得られる効果
▶ スピード
▶ スタミナ
▶ テクニック

やり方

1. さらに磨きをかけたい技、完成度を高めたい技など、打ち込みを行う技を決める
2. 相手と一本ずつ交互に打ち込みを行う
3. 同じ技同士ではなく、お互いに異なる技の打ち込みを行ってもよい

▲お互いが仕掛ける技は異なってもよい

? なぜ必要?

≫ 実戦に近い状態で打ち込みができる

時間や本数を決めての打ち込みの場合は、自分のやりやすい組手で打ち込みをできるが、相互打ち込みの場合は相手も打ち込むため、自分だけが有利な組手とはならない。つまり、より実戦の状態に近い練習が行えるため、対応力が養える。

例：背負い投げの相互打ち込み

> **⚠ ポイント**
>
> ### 弱点を矯正する
>
> 相互打ち込みはお互いに打ち込むための握りをするため、必ずしも自分有利には組めない。それによって攻守のバランス感覚を養うことができ、また組手の中から弱点を矯正していくこともできる

Level UP！
スピードをつけての相互打ち込み

正確に技に入れるようになったら、次はスピードをつけて行う。スピードをつけてできるようになりさらにレベルアップしたい場合は、相手に喧嘩四つで組んでもらったりするなど、負荷を変えるとより厳しい練習になる。

打ち込み

連続した技の仕掛け方を覚える

ねらい

Menu **024** 連続打ち込み

難易度 ★★★★
時間 5分〜8分

得られる効果
▶ スピード
▶ スタミナ
▶ テクニック

やり方

1. 小内刈りから背負い投げ、大内刈りから内股など、技を2つつなげた打ち込みを行う。二人打ち込み同様、「崩し」「作り」を正確に行う

? なぜ必要？

≫ 動きのなかでの技を身につける

動きを止めたままでは技はかからない。試合では自分も相手も常に動いている。自分が動くことによって相手も動き、そこに「崩し」が生じる。技を連続で行うことで、より実戦に近い練習が可能となる。

連続打ち込みの例：小内刈りから背負い投げ

やり方

1. 小内刈りで後ろに追い込み。相手が踏ん張って前に出たところに背負い投げを仕掛ける

Level UP!
バリエーションを広げる

正確に技に入れるようになったらスピードをつけて行う。連続技のスピード打ち込み→連続技の交互打ち込み、と練習レベルを上げていく。そういったアレンジを加えることで、さらに練習内容が実戦に近くなる。

ポイント
最初の攻撃も正確に

連続打ち込みだからといって、最初の攻撃を雑にやるのはNG。写真のように小内刈りがしっかり効いていれば、連続で仕掛ける背負い投げも決まりやすくなる

打ち込み

流れが悪いときの武器を作る

ねらい

Menu 025 奇襲技の打ち込み

難易度 ★★★
時間 5分〜8分

得られる効果
▶ スピード
▶ テクニック

やり方

1. 練習したい奇襲技を決め、打ち込みを行う
2. 組んだ瞬間に技をかける
3. 相四つ、喧嘩四つの両方で打ち込みを行う

? なぜ必要？

≫ 試合の流れを変える技を作っておく

試合では攻防が膠着化してなかなかポイントが取れない場合がある。そうした膠着を打破するには相手の想定外の技を仕掛けていく必要がある。そのために奇襲技が必要なのだ。たとえその技でポイントが奪えなくても、試合の流れが変わり本来の自分の動きを取り戻せることがある。また、実力のある選手と対戦すると、相手の組手で試合が進んでいくこともある。そんな展開のときは、自分のリズムで試合を進めるのが困難。そういった際には奇襲技で流れを変え、自分のリズムに持っていく。

! ポイント

組んだ瞬間に技をかける

奇襲技は組手がうまくいかないときなど、流れが悪いときに使うもの。「奇襲」の名の通り、技を仕掛けるタイミングは組んだ瞬間、あるいは組み際が効果的だ

奇襲技の連続打ち込み

👆 ワンポイントアドバイス

≫ 流れを変える武器を持つ

試合ではいつも自分の組手で戦えるわけではない。相手のペースで進めば判定では負けてしまう。そんなときに、巴投げやワキ固めなど奇襲技を持っていると流れを変える武器となる。こうした奇襲技は組み際や場外際で決まる場合が多い。また、そういった局面では相手に返されにくい。戦況を想定した上で練習に取り組もう。

打ち込み

相手の得意技を防ぐ技術を覚える

ねらい

Menu **026** 返し技の打ち込み

難易度 ★★★
時間 5分〜8分

得られる効果
▶ テクニック
▶ 巧緻性

やり方

1. 練習したい返し技を決め、打ち込みを行う
2. 相四つ、喧嘩四つの両方で行う

 なぜ必要?

≫ 相手の得意技を返せば有利になれる

柔道の選手で得意技が5つもある選手は少ない。だいたいの選手は3つほどの技を得意としている。自分が軸としている技が返されると、その選手は次に同じ技をかけるのを躊躇する。相手の得意技を返すことで、試合において精神的優位に立てるので、返し技を打ち込みの中でマスターしていこう。

ワンポイントアドバイス

≫ 内股返しは有効な返し技

柔道の世界三大技は背負い投げ、大外刈り、内股。これらの技をいかにして返していくか。これらは、かつてはすくい投げで返せたが、現行ルールでは足をつかむのは反則となる。そこでここで紹介した内股返し（内股すかし）は、これらの技を返す有効な技の一つとなる。

Extra

選手は自分の得意技で決めようとする

柔道の選手は多彩な技を持つ有名選手であっても、試合では自分の得意技で勝負を決めようとする傾向が強い。オリンピック金メダリストでも、古賀稔彦なら背負い投げ（一本背負い）、井上康生なら内股というように、軸となる得意技が必ず存在する。多くの選手は警戒されていない50パーセントの技よりも、たとえ警戒されていたとしても自分の得意技で勝負を決めようとするのだ。そこで有効なのが返し技。返し技で一本を取れなかったとしても、相手の得意技を切り返すことが相手の攻撃の軸を奪うことができる。返し技でリズムを変え、自分の試合の流れに持ち込んでいくことも覚えておこう。

打ち込み

喧嘩四つの組手に対応できるようにする

ねらい

Menu **027** 喧嘩四つ対策の打ち込み

難易度 ★★★★
時間 5分〜8分

得られる効果
▶ テクニック
▶ 巧緻性

やり方

1 相手に自分と逆の組手（喧嘩四つ）になってもらって打ち込みをする

組手のパターン！

右相四つ
▶ お互いに右手で襟、左手で袖をつかむ

左相四つ
▶ お互いに左手で襟、右手で袖をつかむ

喧嘩四つ
▶ 襟、袖を持つ手が対面する。左利きの選手はこの組手で練習することが多いため、喧嘩四つを苦にしない選手が多い

❓ なぜ必要？

≫ どんな組手にも対応できるようにするため

柔道の組手には右対右の「右の相四つ」、左対左の「左の相四つ」、右対左、左対右の「喧嘩四つ」、この4つのパターンが存在する。右利きの選手が多いため、普通に練習をしていると喧嘩四つの組手にならないこともあるが、試合で喧嘩四つの選手と対戦したときに困らないように敢えて喧嘩四つで構えてもらって打ち込みをする。そうすることで相四つ、喧嘩四つ、どちらにも対応できるようになる。

⚠ ポイント

左右で有利・不利はない

野球では左打者のほうが一塁に近いといったメリットがあるが、柔道の場合は組手の左右によって有利・不利は決まらない。大事なのはどちらの組手にも対応できるように練習で慣れておくことだ

喧嘩四つでの背負い投げ

▲喧嘩四つになると相手の左腕が邪魔になるため、通常の背負い投げとは入り方が変わる

👉 ワンポイントアドバイス

≫ 苦手の組手を作らない

基本的に選手は右利きが多く、左利きは少ない。必然的に右利きの選手と練習をする機会が多くなる。つまり左利きの選手は右利きの選手と喧嘩四つで練習する機会が多いため、自然と喧嘩四つが得意となる。一方で左利きの選手と練習する機会が少なくなるため、左の相四つが不得手な傾向がある。同様に右利きの選手は日頃から練習機会が多い右相四つは得意。逆に左との喧嘩四つは苦手ということが多い。組手で後手に回るとどうしても苦戦するため、普段の練習から喧嘩四つ（左相四つ）で各種の打ち込みを行うことで、苦手な組手が克服できる。苦手分野が少なくなると、必然的に試合で勝つパーセンテージは上がる。

※組手についてはP85からの第4章で解説します

打ち込み

技に力を持たせ、技の完成度を高める

ねらい

Menu **028** 三人打ち込み

難易度 ★★★★
時間 10分～20分
得られる効果
▶ スタミナ
▶ パワー

やり方

1. 「受け」を二人にして三人一組で行う
2. 「崩し」「作り」「掛け」「投げ」の「投げ」（相手を持ち上げる）まで行う。二人を投げるつもりでやること

❓ なぜ必要？

≫ 打ち込みの強度を高めて技の完成度を高める

「受け」が二人になるため打ち込みの強度が高まる。それにより、得意技にキレを持たせ、さらに強化できる。技の完成度を高めるためにも必要な練習だ。

❗ ポイント 帯を持つ

「受け」の後ろに入る三人目は帯を持つようにする

👆 ワンポイントアドバイス

≫ 三人目も力を抜かない

この練習では三人目の選手も大事。この選手が力を抜いていたら三人打ち込みの意味がない。必死になって負荷をかけるほど練習の効果は高まる。

背負い投げの三人打ち込み

ワンポイントアドバイス

≫ 「投げ」をしっかり意識する

二人打ち込みのときは投げるところまでいかないため、無意識のうちに止めてしまうことがある。この三人打ち込みで大事なのは「崩し」「作り」「掛け」を正確に行った上で、最後は二人を投げるようにすること。二人をまとめて投げるのは大変だが、投げられるならば投げてしまってもいい。それだけ技が強化される。

三人打ち込み応用＝パワーを養う（大外刈り）

❓ なぜ必要？

≫ 技に力を持たせる

二人の相手が投げられないように踏ん張っているところで投げようとすれば、通常の打ち込みよりも力を使う。お互いが力を出し合えば出し合うほど練習の強度は上がり、投げる選手はパワーを養うことができる。

❌ ここに注意！

≫ 技は途中でやめない

大外刈りは、かけている途中で技を戻してしまうと相手に返されてしまう。二人に仕掛けるのは負荷が大きいが、すぐにやめないで力を出し切るようにする。相手に返されないよう、技の完成度を高めていこう。

◀ 技を途中でやめると返されてしまう

大外刈りの三人打ち込み

🖐 ワンポイントアドバイス

> **正確にやることを忘れない**

相手が二人になる三人打ち込みは負荷が大きくなる。大外刈りの場合は技に入ってからかけきるところの力が大事になるが、「投げ」ばかりを意識してそれまでの「作り」「崩し」「掛け」がおろそかになってはいけない。「作り」「崩し」「掛け」を正確に行った上で「投げ」があることを忘れないように。

三人打ち込み応用＝スピードを養う（背負い投げ）

❓ なぜ必要？

≫ パワーにスピードをプラスする

二人を同時投げようとすることでパワーを養うことができる。正確にできるようになったら次のステップはスピードアップすること。技を仕掛けるスピードをアップしても、正確に力強くできるように練習しよう。

Arrange
持ち上げるタイミングを限定する

この三人打ち込みは二人を投げるつもりで技をかけるので力もつくし、キレもよくなる。しかし、一本一本毎回持ち上げると時間がかかるので、練習法のバリエーションとしては打ち込みの3本目に上げる、5本目に上げるというように、持ち上げるタイミングを決めて行うと時間を短縮できる。また、すべて持ち上げるとなると、疲労が大きいため力を温存する選手も出てくる恐れがある。持ち上げるタイミングが決まっていれば、選手の集中力も増して力を出し切る練習ができる。

打ち込み

短時間で息を上げ、より実戦的な練習ができる

ねらい

難易度 ★★★
時間 5分～15分

得られる効果
▶ スピード
▶ スタミナ

Menu **029** サーキット式打ち込み

やり方

1. 3～5人で1チームを作り、「取り」「受け」を決める
2. まずは乱取りを45秒
3. 相手を代えて打ち込みを30秒
4. 相手を代えて組手争いを45秒（「受け」は「取り」に組ませないよう抵抗する）
5. 1人打ち込みを15秒
6. 投げ込みを15秒
7. これを1セットとし、セットが終われば「受け」「取り」を交代。1人2セットずつを目安に行う

サーキット打ち込みの効果

- 短時間で息を上げられる。試合前に行うには最適
- 技の切りかえをよくする
- より実戦的な練習ができる

サーキット式打ち込みの実例

1:乱取り　45秒

▲まずは45秒の乱取り。時間が短いので「受け」も「取り」も気を抜かない

2:打ち込み　30秒

▲息を上げることが目的なので休まず連続して行うこと

3:組手争い　45秒

▲組手争いでは「受け」は「取り」に組ませないようにする

4:一人打ち込み　15秒

▲ここは相手がいない一人打ち込みだが息を休めるところではないので、一本ずつ相手がいるつもりで行う

2:投げ込み　15秒

▲再び「受け」が入っての投げ込み。「受け」の選手は投げられた後、すぐに立ち上がること

Level UP!

セット数や秒数を増やす

ここに紹介したやり方で十分に息を上げることはできるが、さらに強度を高めたい場合は、各種目の秒数を増やしたり、セット数を増やしたり、あるいは同じ人が2セット続けてやるなどして、強度を上げることができる。秒数が決まっているが、手を抜かずに正確にやることが何よりも大事だ。

移動打ち込み

より実戦的な動きで技の完成度を高める

ねらい

難易度 ★★★
時間 5分〜8分

得られる効果
▶ スピード
▶ テクニック

移動稽古の
バリエーション

- 引き出し・単発技
- 引き出し・連絡技
- 追い込み・単発技
- 追い込み・連続技
- 場外際で相手に追い込まれてからの切り返し技
- 場外際に相手を追い込んでからの引き出し技

◀ より実戦に近づけるのであれば最後は投げたほうがよい

やり方と注意事項

- 「取り」「受け」がともに動きながら打ち込みを行う
- 動きながらリズムをつかみ、技に入るタイミングを考えながら行う
- 「崩し」「作り」「掛け」を正確に行う
- 「受け」の役割が重要。簡単に投げられるのではなく、「取り」の動きを腹部で受け止めるようなイメージで
- より実戦に近づけるのであれば最後は投げたほうがよい。ただし、道場のスペースが限られている場合は、見学者などにぶつかる可能性があるので投げるのは危ない
- 道場のスペースが限られている場合は赤畳に沿って回って行ってもよい

移動打ち込み

Menu 030 引き出し・単発技の移動打ち込み

やり方

1. 背負い投げなど相手を引き出す技を、後方に移動しながら打ち込む
2. まずは正確に技に入り、それができるようになったらスピードを上げていく

? なぜ必要?

≫ **動きながらの引き出し技を覚える**

柔道の試合では止まったままで技をかけることはなく、必ず相手を動かして崩すことから技は始まる。相手を引き出して移動しながら打ち込むことでそのタイミングを覚える。

≫ まずは正確さを重視

止まったままでできた技も動きが入ると難易度が増す。まずは移動打ち込みでも正確に技に入ることを心がけて繰り返す。それができるようになったら少しずつスピードを上げることを意識し、さらに単発技ができるようになったら連続技で行ってみる。段階を踏まずにうまくなることはないので、まずは正確さを重視してやってみよう。

移動打ち込み

Menu 031 引き出し・連絡技の移動打ち込み

やり方

1. 「小内刈りから背負い投げ」などの連絡技を前方に移動しながら打ち込む。技は連続して、休まずに入ること
2. 「崩し」「作り」「掛け」は正確に行う
3. 「小内刈りから背負い投げ」の場合、相手を小内刈りで後ろに追い込み、前に出たところに背負い投げを仕掛ける

≫ 最初の技も正確に

この練習は引き出しの連絡技の打ち込み。最後は引き出してかける技（写真では背負い投げ）になるが、その前に仕掛ける技（写真では小内刈り）を正確にかけなければ連絡技の意味がない。

移動打ち込み

Menu 032 追い込み・単発技の移動打ち込み

やり方

1. 大外刈りなど相手を追い込む技を、前方に移動しながら打ち込む
2. 「崩し」「作り」「掛け」は正確に行う
3. まずは正確に技に入ることを心掛ける。それができるようになったら、徐々に動きのスピードを上げていく

 ワンポイントアドバイス

≫ 試合に近い組手で行う

移動打ち込みの組手は、打ち込みのための組手ではなくて実際の試合に近い組手でやることが大事。自分の十八番の場所を持っての打ち込みだけをやっていても試合では使えない。いかに課題を理解してやるかというのが大事だ。

移動打ち込み

Menu 033 追い込み・連続技の移動打ち込み

やり方
1. 大内刈りから大外刈りなど、相手を追い込む連続技を移動しながら行う
2. 「崩し」「作り」「掛け」は正確に行う
3. 技は連続して、休まずに入る

≫ 受けの意識が大事

移動打ち込み全体にいえることは、取りだけでなく、受ける側も練習なんだという意識をもってやること。引き出したり、追い込んだりするので、相手が棒立ちでは練習にならない。試合のつもりで相手の動きに反応するようにしよう。

移動打ち込み	難易度 ★★★
	時間 5分〜8分

場外際に追い込まれたときの対処を身につける

得られる効果 ▶ スピード ▶ テクニック

Menu 034 場外際で相手に追い込まれてからの切り返し技

やり方
1. 相手に追い込まれて自分が場外に出た局面を想定する
2. 最終的には追い込むほうが「受け」、追い込まれていたほうが「取り」になる
3. 追い込まれながら、場外に出たところで技に入る

自分で「場外」を判断しない

場外は突然現れるものと思っておいたほうがいい。赤畳を出たからといって自分で「場外だ」と判断して気を抜くとそこで投げられてしまう恐れがある。日頃の練習から場外はないものと思って取り組むとより実戦に対応しやすくなる。

現行ルールに対応するため

現行ルールでは一方の選手が場外に出ても「待て」はかからない。完全に動きが止まってしまったら「待て」がかかるが、一連の攻防が続いていれば試合は続行されるため、場外際の攻防が非常に大事になる。そこで場外に出ても諦めずに、そのまま投げに入る練習も必要となるのだ。

Point! 場外で投げる

移動打ち込み

相手を場外際に追い込んでからの技を覚える

ねらい

難易度 ★★★
時間 5分〜8分

得られる効果
▶ スピード
▶ テクニック

Menu 035 場外際に相手を追い込んでからの引き出し技

やり方
1. 場外際に相手を追い込んだことを想定
2. 追い込みながら、相手が場外に出たところで引き出し技に入る
3. 追い込んで、相手がこらえたタイミングで投げる

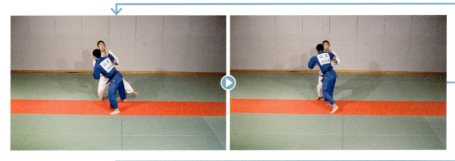

Point! 押し返してきたら投げる

場外際に追い込んだときはチャンス

抵抗することなく場外に押し出された選手には「指導」が与えられるが、すぐに場内に入れば「指導」は与えられない。場外際に追い込むと、相手は場内に入ろうとする。相手が押し返してきたときはチャンスなので、そのタイミングで投げられるような練習をする。

反則を取られないように

場外に追い込まれたとき、逆に追い込んだときと、両方できたほうが試合で対応しやすいが理想は追い込むほうがいい。追い込まれて出たら指導とられてしまう。しかし、自分が追い込んだときに相手が入ってこようとしているのを入れないようにすると反則を取られる可能性があるので注意しよう。

COLUMN 2 覚えるのは相手と胸を合わせる足技から

　小内刈り、大内刈り、大外刈り、小外刈りといった相手と胸をつける足技に入るには、それなりの度胸が必要になります。背負い投げなどとは異なり、これらの技の形に入るときには相手にお尻を向けず、また一本足という不安定な状態になります。ガッツがないと、かけることができません。

　しかしながら、これらは実戦で大いに役立つ、習得しておくと強い武器となる技でもあります。指導者の方々には、背負い投げや内股といった回転して投げる技よりも先に、小内刈り、大内刈り、大外刈り、小外刈りを教えていただきたいと思います。

　その理由は、相手にお尻を向ける技を先に覚えてしまうと、胸を合わせる技に恐怖感を抱いてしまうからです。また、背負い投げ、内股などは相手に防御されやすい技でもあります。

　小内刈り、大内刈り、大外刈り、小外刈りは返されにくく、たとえ倒せなくても相手を崩すことができます。これらの技を練習することで足技がうまくなり、次につながる展開も作っていけます。

　背負い投げ、内股などを大技、小内刈り、大内刈りなどを小技として使えば、大技から小技、小技から大技といった連携が駆使できます。大技のみで倒すのは相手も警戒心を抱くので難しいものがありますが、小技を身につけると攻撃のバリエーションが広がり、試合のリズムも作りやすくなります。

　どんな一流選手であっても、相手の内股を警戒しているところを大内刈りで崩されたら、その瞬間に内股のことは頭のなかから消えてしまうものです。足技を覚えると、試合でもさまざまな応用が効かせられるようになるのです。

　覚えるのは相手と胸を合わせる足技から。その次に背負い投げなど回転してから投げる技を覚えると、さらに回転のキレがよくなり、精度の高い技を習得することができます。

第 4 章
組手

相手の力を利用するためには組手は非常に重要である。
組手は「絶対に持つ」という意識が一番大切。
技を体得するには長い時間がかかるが、組手は短時間で体得することが可能。
組手が上達すると、試合展開が必ず有利になる。

組手の基本形

組手の基本形は「相四つ」「喧嘩四つ」の二つであるが、
さらに前襟を取った「下からの組手」奥襟を取った「上からの組手」に分類できる。
まずは基本の組手の特徴を紹介しよう。

相四つ
下からの組手

前襟を取られた左右の相四つ。基本的な組手であるが、実戦でこの形になることはあまりない

＜右相四つ＞

＜左相四つ＞

相四つ
上からの組手

奥襟を取られた相四つ。実戦ではほとんどの選手が奥襟を取ろうとするので、右組同士、左組同士ではこの形になることが多い。相四つでは引き手を早く握ることが勝負を左右する

喧嘩四つ 下からの組手

前襟を取られた喧嘩四つ。喧嘩四つでは釣り手を早く握ることがポイントになる。相四つ同様、引き手を先に握ったほうが有利になるが、その方法も機会も少ない

喧嘩四つ 上からの組手

奥襟を取られた喧嘩四つ。喧嘩四つで奥襟を取られると、頭の動きが制せられる。人は顔が向いている方向にしか力を発揮できないので、頭の動きのバランスを崩されると圧倒的に不利となる

👆 ワンポイントアドバイス

≫ 不得意な組手を練習で克服

素晴らしい技を持っていたとしても組手がうまくなければ、それも宝の持ち腐れ。いかにして自分が有利となる組手を取るかが勝負のカギとなる。この4つの形のなかで不得意な組手が2つ以上あれば選手として成り立たない。どんな組手にも対応できるように苦手な組手は練習で克服する必要がある。

| 組手 | 難易度 ★★★☆☆ |
| | 時間 5分 |

相四つの相手との対戦で先手を取れるようになる

Menu **036** 相四つの対策

得られる効果
▶ スピード
▶ スタミナ
▶ パワー
▶ テクニック
▶ 柔軟性
▶ 巧緻性

やり方

1. 相四つ同士で組手争いをする。その際、一方の選手は左変形になって引き手を取りにいく

対策：左変形で引き手を取る

相四つの場合、いかに先に引き手を取るかが重要なポイントとなる。引き手を先に取ると、相手よりも先に技をかけることができる。しかし、普通に相四つで組み合った場合は体が大きい選手が有利である。右組みの相四つの場合は、相四つ左変形になり左に回りながら引き手を早く取る。こうすることで自分の右腕、相手の左腕の間に距離が生まれ、相手は引き手を取りづらくなる。逆に自分の左腕は相手の右腕に近づくため、自分は引き手を取りやすくなる。

左変形

ワンポイントアドバイス

≫ 変形で構えるのは基本

先に引き手を取ることで、次に釣り手を握ったときに技に入れる。しかし、相手は逆技しかかけることはできない。
右組同士の相四つでは左変形で構え、左組同士の相四つでは右変形に構える。動く方向は左変形では左回り、右変形では右回りに。このときに釣り手側の肩（左変形の場合は右肩）を前に出してしまうと、相手に引き手を取られやすくなってしまう。右肩を前に出してしまうクセを矯正するために、右手を後ろ手に回して左回りに動く練習をしてもよい。

組手	難易度 ★★★☆☆
	時間 5分

喧嘩四つの組手に対応できるようにする

ねらい

得られる効果
▶ スピード
▶ テクニック

Menu **037** 喧嘩四つの対策

やり方

1 喧嘩四つになって組手争いをする

対策：釣り手を先に取る

喧嘩四つの場合は引き手の距離が遠くなるため、なかなか引き手が握れない。釣り手を先に取ると相手を崩せるので有利となる。

👉 ワンポイントアドバイス

≫ 喧嘩四つでは前襟を先に取る

喧嘩四つの場合は、早く相手の前襟を取る。襟を握り、相手上から襟を取りにきたら、その腕をはじくようにする。

「しぼり」や「きる」技術を覚えよう!
①釣り手をきる

組手ではいつも自分有利で組めるわけではない。相手に襟や袖を取られたときの「しぼり」や「きる」方法を知っていると、組手で後手に回ったときも対応することができる。

🫵 ワンポイントアドバイス

>> 襟をレールのように使う

つかまれた釣り手をきるとき、両手を使ってきると反則になるので注意。片手だけでうまくきるコツは、襟をレールのように使うこと。このラインに沿って下に落とすときりやすい。逆にこのようにきられたくないときは、自分の釣り手は手首を立てる。手首を立てることでかぎ型になり、レールをすべりにくくなる。

> ⚠️ **ポイント**
>
> ## 真下にきる
>
> 襟をきる方向は真下。手前に引くのではなく、下にきるようにするのがポイントだ

力ずくできる

▶襟をつかまれた状態から力ずくできろうと思っても相手の力がある場合はなかなかきれないし、自分の力も相当消耗してしまうので、このやり方はNG。

「しぼり」や
「きる」技術を覚えよう
② しぼってきた
   引き手をきる。
   パターン1

👉 ワンポイントアドバイス

≫ 「しぼり」や
   「きる」ことをする
   相手には？

両手でしぼる相手には引き手は襟を持ち、両襟を持つこと。慣れたら引き手をワキに変化させる。さらに上腕の内側に引き手を変化させればベスト。「しぼり」「きる」をしてきた相手は、しぼりきったり、きったりする動作ができないと不安になり、力は半減する。相手にしぼりきれない、きれないと思わせることが大切。相手は「できる！」と思うと全力を出し、試合は相手のペースになる。「できない」と思わせることで試合展開を有利に運ぶことができる。

◀しぼられた引き手のヒジを立て、手を頭の方向に持っていってきる

「しぼり」や「きる」技術を覚えよう
② しぼってきた引き手をきる。パターン2

◀ しぼられた引き手のヒジを立て自分の逆のほうに手を持っていってきる

ワンポイントアドバイス

> ≫ 相手のヒジを伸ばす

人はヒジが曲がると自然とヒザも曲がる。逆に、ヒジを伸ばすと自然とヒザも伸びるため引く力に抵抗しづらくなる。また、きるときは姿勢は真っすぐに保ち、目線は相手の目にやること。

組手

いい場所をつかめない
ときの技術を養う
（ねらい）

Menu 038 ペナルティー柔道衣を使っての組手

難易度 ★★★★☆
時間 5分～10分

得られる効果
▶ スピード
▶ スタミナ
▶ パワー
▶ テクニック
▶ 柔軟性
▶ 巧緻性

半スリーブのペナルティー柔道衣

◀袖を短くした特注の柔道衣を用いて練習する。袖以外のきられにくい部分を持って投げる練習を行う

握り方

▲引き手は半袖の袖口を握る。P96のノースリーブのペナルティー柔道衣でも同様に、ワキの部分を握る

ペナルティー柔道衣（半スリーブ）を着用した相手への大外刈り

 なぜ必要？

≫ いつでも袖を握れるわけではない

組手で握る場所は袖だけではない。しかし、練習ではクセでどうしても袖を持ってしまう。相手にきられにくいところを持つために、どこでもつかめるように練習しておく必要がある。また、ペナルティー柔道衣を着用した相手との練習は、間合いが近いため自分よりも小柄な相手を投げるのに有効。逆に間合いができればできるほど技術が使えるようになるため、小柄な選手にも可能性が生まれてくる。

ペナルティー柔道衣（半スリーブ）を着用した相手への内股

ペナルティー柔道衣（半スリーブ）を着用した相手への背負い投げ

ノースリーブのペナルティー柔道衣を使っての練習

ノースリーブの ペナルティー柔道衣

▲袖を切り落とした特注のノースリーブの柔道衣を使って練習する。半スリーブよりも、さらに引き手を取りづらくなる

❌ ここに注意!

≫ 畳に手はつかない

ノースリーブのペナルティー柔道衣を着用した相手を投げたときは畳に手をつきがちになってしまう。手首を痛める危険性があるので、畳に手をつかないように注意。受けも同様に袖を持たれていないため手をついてしまうことがある。必ず受け身をとるようにしよう。

ペナルティー柔道衣(ノースリーブ)を着用した相手への内股

ペナルティー柔道衣(ノースリーブ)を着用した相手への大外刈り

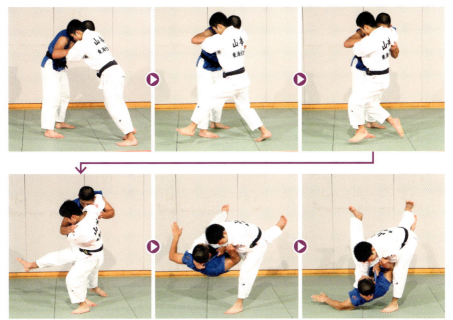

ペナルティー柔道衣(ノースリーブ)を着用した相手への背負い投げ

Level UP!

奥襟を取られたときの「ずらし」

奥襟を取られたときはなかなかきるのは難しい。そこで「ずらし」のテクニックを覚えよう。自分の肩や首を動かすことで、柔道衣から肩を抜くようにして、奥襟をつかんだ釣り手の位置をずらす。これで相手は奥襟ではなくなるが、きられていないので自分からは釣り手は離さない。

ワンポイントアドバイス

≫ 釣り手は重要！

柔道では「釣り手」が大事。自分の釣り手を動かすと、相手の引き手は定まらない。つまり、その状態では相手は技をかけることはできない。しかし、きられたわけではないので、自分から引き手は離さない。逆に、もっとしっかり持とうとする。有利な釣り手を持つことで、相手をコントロールできるようになる。

第5章
立ち技

柔道の立ち技は、日常生活や他の競技には存在しない独特の動きといえる。
下半身は下に沈み、上半身は上に引き上げる。
これが投げの動作の基本原則である。
この難解な動きが自然とできるよう、
しっかりと練習していこう。

立ち技

試合で使える技を自分のものにしていく

ねらい

Menu **039** 背負い投げ

難易度	技によって変動
時間	5分〜10分

得られる効果
- ▶ スピード
- ▶ スタミナ
- ▶ パワー
- ▶ テクニック
- ▶ 柔軟性
- ▶ 巧緻性

Point! 相手を後方に押し込む

Point! 右のカカトを回すと腰が回転し、キレがよくなる

> **やり方**
> 組んでから相手に背負い投げをかける

> **! ポイント**
> ## 背負い投げのPOINT
> - 相手を前に素早く引き出し、股の中に入り込む
> - 投げるときの釣り手はワキを締める
> - 投げるときには畳にヒザをつけない

Point! 相手が前に出ようとしたところを引き出す

Point! 大きく前に引き出して相手の股の中に入り込む

Point! 右腕はワキを締めるとヒジに負担がかからない

Point! 投げるときは畳にヒザをつけない

立ち技

Menu 040 大内刈りから背負い投げ＜連絡技＞

やり方

1. まずは大内刈りを仕掛ける
2. 相手がこらえたところで背負い投げをかける

Point! 相手がのけ反るくらい追い込む

Point! 大きく前に引き出して相手の股の中に入る

👉 ワンポイントアドバイス

» 足は「刈る」のではなく開く

大内刈りで無理やり足を刈りにいくと自分のバランスが悪くなり、また相手の背が高い場合は返される恐れがある。足は「刈る」のではなく「開く」イメージで仕掛けるといい。

❗ ポイント

大内刈りから背負い投げのPOINT

- 大内刈りで相手を崩してから背負い投げに入る
- 大内刈りでは釣り手で相手をコントロールする
- 大内刈りでは相手の足を「刈る」のではなく「開く」

Point! 相手が崩れないように前に出ようとしてきたタイミングで背負い投げに入る

Point! しっかりと担いで投げる

立ち技

Menu 041 背負い投げから小内刈り（連絡技）

やり方
1. まずは背負い投げを仕掛ける
2. 相手がこらえたところで小内刈りに入る

Point!
素早く元に戻る

Point!
釣り手の甲で相手のアゴを押し、小内刈りに入る

ワンポイントアドバイス

≫ 大事なのは釣り手

足技なので足を刈るのは当然大事だが、ポイントとなるのは釣り手。背負い投げの後に右の釣り手で相手のアゴを押してのけ反らせるようにする。アゴが上がったら体重はないのと同じなので小内刈りがより効果的になる。

！ポイント
背負い投げから小内刈りのPOINT

- 背負い投げをこらえようとして後ろに下がった相手に小内刈りに入る
- 背負い投げはしっかりと技の形に入る。中途半端な入り方では相手は反応しない
- 小内刈りの釣り手では相手のアゴを押す

Point!
背負い投げに入る。技の形にはしっかりと入る

立ち技

Menu 042 大外刈り

やり方

組んでから大外刈りをかける

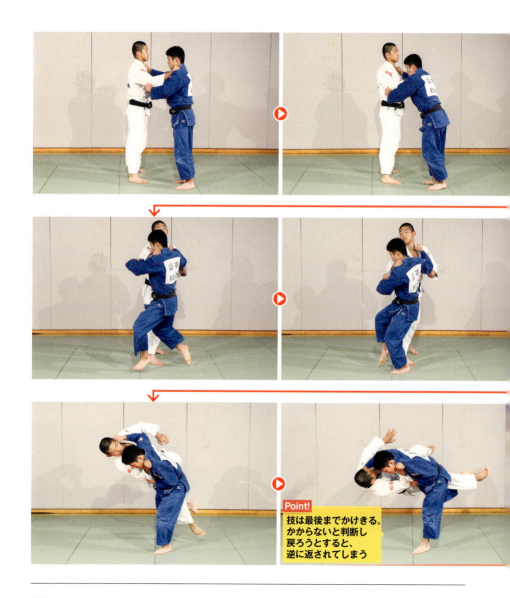

Point!
技は最後までかけきる。
かからないと判断し
戻ろうとすると、
逆に返されてしまう

❌ ここに注意！

≫ かけたら戻らない

胸を合わせて一本足になる大外刈りには度胸が必要。そして技をかけたら戻らないことが大事だ。技の途中で「ダメだ」と思って戻ると返されてしまうので、大外刈りは仕掛けたら最後までかけきるように。

❗ ポイント

大外刈りのPOINT

- 釣り手で相手の頭を下げる。打ち込みでも釣り手を意識しよう
- 相手に胸をつけて、最後まで技をかけきる
- 胸を合わせることを怖がらない

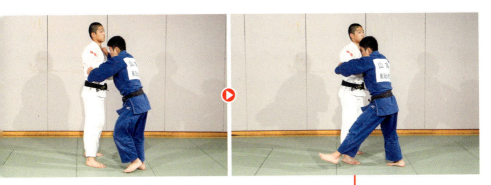

Point!
相手に胸をつけ、釣り手で相手のアゴを押しながら足を刈る

立ち技

Menu 043 大内刈りから大外刈り＜連絡技＞

やり方
1. まずは大内刈りを仕掛ける
2. 相手がこらえたところで大外刈りをかける

ワンポイントアドバイス

≫ 大内刈りでしっかり崩す

まずは大内刈りで相手のバランスを崩す。足技は自分は一本足で相手は二本足のため、中途半端な仕掛けになると返されやすいというリスクがある。しっかり最初の技で崩してから次につなげていくようにする。

ポイント

大内刈り→大外刈りのPOINT

- 大内刈りで相手が下がったところに大外刈りに入る
- 大内刈りは深くは入らない

Point! 大内刈りは浅く入る。深く入ると相手は倒れまいとして前に出ようとする

Point! 釣り手と引き手で下がった相手のバランスをさらに崩す

Point! 大外刈りで最後まで投げきる

立ち技

Menu 044 大外刈りから支釣込足＜連絡技＞

やり方
1. まずは大外刈りを仕掛ける
2. 相手がこらえたら支釣込足をかける

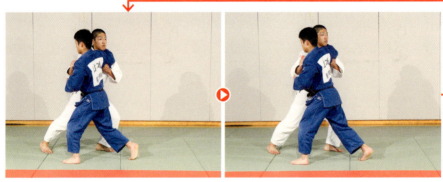

Point!
自分の腹に相手を乗せて、腰を入れて回して投げる

》 胸をしっかりつける

大外刈りをねらうと相手は体を引いてくるので、そこでしっかりと胸をつける。胸をつけて腹に乗せるイメージで仕掛けると技が決まりやすい。

！ポイント
大外刈りから支釣込足のPOINT

- 大外刈りをこらえようとして前に出た相手に支釣込足に入る
- 支釣込足は相手を腹に乗せて、腰を入れて回して投げる

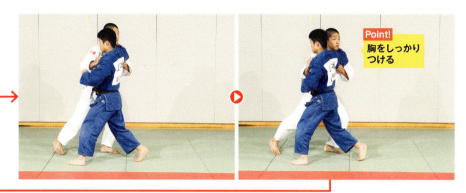

Point!
胸をしっかりつける

立ち技

Menu 045 内股

やり方
組んでから相手に内股をかける

Point!
引き手を
引くときは
自分の手首を
返し、ワキを開く

ワンポイントアドバイス

≫ 釣り手で引き上げる

柔道の立ち技は上半身は引き上げて下半身は沈み込むという動きになる。この内股のポイントも釣り手で相手の上半身を引き上げること。引き上げて相手がつま先立ちになったら足を跳ね上げて相手を投げることができる。

ポイント

内股のPOINT

- 引き手の手首を返してワキを開く
- 釣り手で相手の体を引き上げる
- 投げるときに頭を下げない

Point! 相手をしっかりと引き出す

Point! 腰と足で相手を跳ね上げ、引き手と釣り手で投げる

Point! 跳ね上げるヒザは極力曲げない。頭を下げないように

立ち技

Menu 046 大内刈りから内股＜連絡技＞

やり方
1. まずは大内刈りを仕掛ける
2. 相手がこらえたら内股をかける

Point!
相手が倒されないように前に出てくるところがねらい目

ワンポイントアドバイス

≫ 大内刈りは中途半端にならない

大内刈りから背負い投げのときと同様、大内刈りが中途半端にならないことが大事。内股を意識して大内刈りを中途半端に仕掛けると切り返される恐れがあるので、しっかり釣り手をきかせて相手を後退させるように仕掛けよう。

！ポイント
大内刈りから内股のPOINT

- 大内刈りで相手を崩し、前に出たところに内股に入る
- 大内刈りにはしっかりと入る

Point!
相手を追い込んで大内刈りを仕掛ける

Point!
跳ね上げるヒザは極力曲げず、頭は下げない

立ち技

Menu 047 大内刈りからケンケン内股＜連絡技＞

やり方

1. まずは大内刈りを仕掛ける
2. 相手がこらえたら内股に入り、ケンケン内股で投げる

Point!
大内刈りから
そのまま
内股に入る

≫ 足は絡み続ける

大内刈りからそのままケンケン内股に入ったら、跳ね上げている足は必ず絡み続けるようにする。この足が簡単に外れてしまうと、相手の返し技のえじきになる恐れがあるので注意しよう。

大内刈りから
ケンケン内股POINT

- 大内刈りで相手を崩し、そのまま内股に入る
- 引き手を下に引く
- 絡んだ足は外さない

Point! 跳ね上げている足は絡み続ける

Point! 引き手を下に引き、相手が耐えられなくなったところで投げる

立ち技

Menu 048 肩車

やり方

相手の腕を一本つかんで肩車で投げる

Point!
腕を支点にして相手を回転させる

ワンポイントアドバイス

≫ 腕を支点にする

もぐりこんだときに頭を下げずに上を向くようにして引きつけた腕をしっかり挟み込む。この腕を支点にして相手を投げていく。

肩車のPOINT

- 相手の懐に入るときは自分のワキは締める
- 首を前に出さない。頭は上げて腕をしっかり挟み込む

Point!
懐に入り込んでワキを締める

Point!
頭を上げる

立ち技

Menu 049 内股すかし

やり方

1. まずは相手が内股を仕掛ける
2. 内股を内すかしで返す

Point! 背中を丸めない

ワンポイントアドバイス

≫ 姿勢を崩さない

この技は喧嘩四つのときに使われる。足の長い選手にはとくに有効だ。技のポイントは姿勢を崩さないこと。頭が下がったり、背中が丸まってしまったりすると、返す前に投げられてしまう。

！ポイント

内股すかしのPOINT

- 喧嘩四つの組手で使われる
- 頭を下げると自分が投げられてしまうので頭は下げない

Point! 姿勢を正して頭を下げない

Extra

投げ技のメカニズム

　柔道の投げ技のモーションは、他の競技にはない独特の動きといえます。ほとんどの技は下半身を下に沈み込ませながら、上半身を上に引き上げて相手を投げます。

　背負い投げの動きを見てみましょう（写真参照）。技に入るとき、下半身は下に沈み込もうとしていますが、上半身は上に伸びようとしているのがわかります。

　スポーツ動作のなかには、下半身と上半身ともに下方向に沈むもの、ともに上方向に伸び上がるものは多いです。たとえば、バスケットボールのシュートやバレーボールのトスなどがそうでしょう。

　しかし、柔道ではその動作で相手を投げることはできません。自分の腰よりも相手の腰のほうが低い位置にあると、投げ技はかからないのです。

　人をおんぶしたり、リュックを背負ったりするときに、腰よりも下の位置で人やリュックを担ぐ人はいないでしょう。必ず腰よりも高い位置で担ぐはずです。

　柔道で投げるときも、自分の腰よりも高い位置に相手を担ぎます。沈む込みながら、上に伸び上がる。難しい動作ではありますが、しっかりと練習して身につけていってください。

第6章
寝技の部分稽古

現行ルールでは場外で相手を投げた後も寝技に入ることができる。
そのため、寝技の有効性が見直されてきた。
寝技は練習すればするほど上達する。
努力を重ねればそれだけの効果が必ず得られるので、基本をしっかりと学ぼう。

寝技の基本五大技を知る

柔道で使用される抑え込みの基本技は5つ。それぞれの特徴を覚えておこう。

袈裟固め

相手の首と腕を制した形での抑え込み。体重の重い選手が軽い選手を抑えるときには有効だ

上四方固め

仰向け状態の相手の帯をつかみ、胸にアゴを乗せて抑え込む

横四方固め

相手の体と垂直になり、一方の腕で上半身、一方の腕で下半身を固めて抑え込む

縦四方固め

仰向け状態の相手の首と腕を制して、さらに相手の両足を外側から絡めて固定して覆いかぶさって抑え込む

肩固め

仰向け状態の相手の首と腕を決めた状態で抑え込む

ワンポイントアドバイス

》 **上は大きく、下は小さく**

これらのすべての寝技において、「相手は仰向け」「足を絡まれていない」状態が基本の形となる。また原則として、上になった側は相手を包むように体を大きく広くし、下になった側はカメのように体を小さくして防御の姿勢をとるようにする。

抑え込みの原理

逃げようと抵抗する相手を抑え込むためにはポイントがある。
ここでは抑え込みの原理について解説する。

STEP.1 顔の向きと動ける方向

! ポイント①
顔の向いている方向には動ける

人は顔の向いている方向には体を動かせる。顔を右に向けられた場合は、右に体を回転させて動くことができる

! ポイント②
逆方向には動けない

逆に、顔が向いていない方向には体は動かせない。右に顔を向けられたら、左側には体を動かすことができない

STEP.2 相手の動きを固定する

ワンポイントアドバイス

≫ 顔と肩の2カ所を固定

P125で説明したように寝技では顔の向いている方向にしか動くことはできない。この原則に従って頭部1カ所と逆の肩か腕の1カ所を制すれば相手の動きを固定することができる。たとえば相手の顔を右に向けた場合は、左の肩もしくは左の腕も抑える。そうすることで、抑え込まれた相手は右にも左にも動くことができなくなる。これが抑え込みの原理である。

Extra
袈裟固めの メリット・デメリット

ここでもう一度、袈裟固めの形を見てみよう。相手を斜めに抑え込むため、この技には先に解説した抑え込みの原理が当てはまらない。抑え込まれた側の選手は頭も左腕も自由に動かせるため、自分よりも小柄な相手は抑え込めるが、相手が自分と同じくらいか、それ以上大きな体格の選手になってくると抑え込むのはかなり困難。
しかし、袈裟固めは投げた後すぐに抑え込みの体勢に入れるというメリットもある。寝技も相手の体のサイズによって使い分けていく必要がある。

寝技の部分稽古

投げた後、寝技に入るときに絡まれた足を外せるようにする

ねらい

Menu 050 足絡みの外し方（一重絡み）

難易度 ★★★★☆
時間 3〜5分

得られる効果
▶ スピード
▶ テクニック
▶ 柔軟性

やり方
1. 相手に足を一重絡みにしてもらったところから足を抜く練習をする

❓ なぜ必要？

≫ **足を抜いて抑え込みに入るため**

寝技に入ると、相手は必ず足を絡めてくる。絡まれた足を抜かないことには抑え込みに入れないため、足を抜く練習も行う必要がある。

⚠️ ポイント①
絡まれた足に手をかける

まず絡まれた足のヒザに手をかける。この手をかけた相手の足は動かすことはできる。だが、ヒザ裏に足を絡めているので、動かしただけではロックは解除できない

⚠️ ポイント②
エビの動きを使う

エビの動きで腰を下げる。このとき、相手に下からワキを差されないように注意。相手に返されないようにするため、自分の左足はできるだけ開いて（相手と離して）体を安定させたほうがベター

⚠️ ポイント③
絡まれていない足を滑り込ませる

絡まれていない左足を絡んだ足に滑り込ませる。自由に動くこの足の使い方が大事（次のページへ）

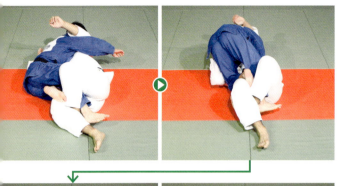

ポイント④
左足を効果的に使う
相手を抑え込みつつ左足で相手の右足を蹴りながら腰を引く。左足を効果的に使うと足抜きがしやすくなる

ポイント⑤
相手の股を開く
左足で相手の右ヒザを蹴り、またロックされている右足では相手の左足を押し、股を開かせるようにしてロックを外す。このロックを外さないと自分の足は抜けない

ポイント⑥
素早く足を抜く
相手の足のロックが外れたら、素早く足を抜く。ここの動作が遅いと再び絡まれてしまう

ポイント⑦
しっかり抑え込む
足が抜けたら抑え込みのチャンスなので、回転されないようにしながらしっかり抑え込みに入る

二重絡みの外し方

相手に両足で絡まれる二重絡みの外し方を紹介する。

▲絡まれていない左足のヒザを相手の足の下に滑り込ませる

▲絡まれている右足に左足のカカトをつける　▲左足で絡んだ足を蹴りながら右足を抜く

▲ここからは一重絡みの外し方と同様

❌ ここに注意!

≫ ワキをすくわれると回転させられる

試合では動きが止まるとすぐに「待て」がかかってしまうので二重絡みを外すのは困難。しかし、技術を知っているのといないのとでは全然違うので、しっかりと外し方を覚えておこう。ここで注意したいのは下からの反撃。足を抜くことばかりに意識がいき、ワキの下に手を入れられると回転されてしまうので注意。相手の回転を防ぐためにはまずワキをすくわれないこと。

寝技の部分稽古

四つん這いの相手への攻撃を覚える

ねらい

Menu 051 四つん這いの相手を返す（横から）

難易度 ★★★☆☆
時間 3〜5分

得られる効果
- ▶ スピード
- ▶ スタミナ
- ▶ パワー
- ▶ テクニック
- ▶ 柔軟性
- ▶ 巧緻性

やり方
1. 相手に四つん這いになってもらう
2. 横からの攻めで相手をひっくり返していく

Point! 帯をつかみ、相手の柔道衣の裾を持ってくる

Point! 相手と自分の体が「一本の棒」になるようなイメージで足を使って回転する

相手を「一本の棒」にする

相手を横に転がそうと考えたとき、手や足の邪魔がないほうが回転させやすい。四つん這い状態の相手を回転させるときも同様の考え方が必要だ。横からの攻撃では帯をつかんだ状態で相手と密着してもぐりこみ、相手の体を伸ばすようにして回転させていく。

Point!
相手の右手の突っ張り棒がない状態にする

Point!
相手としっかり体を密着させる

寝技の部分稽古

Menu **052** 四つん這いの相手を返す（後ろから）

難易度 ★★★☆☆
時間 3〜5分

得られる効果
- ▶ スピード
- ▶ スタミナ
- ▶ パワー
- ▶ テクニック
- ▶ 柔軟性
- ▶ 巧緻性

やり方
1. 相手に四つん這いになってもらう
1. 後ろからの攻めで相手をひっくり返していく

Point!
体重をしっかりとかけて相手の動きを止める

Point!
相手の体を横に振り、回転しにくい場合は反対側に振ってみる。相手が抵抗した反動を使うのも効果的

ワンポイントアドバイス

≫ 絞めで威嚇する

後ろから回転させる場合も相手を「一本の棒」にすることが大事。その際、絞め技を使うことが効果的だ。後ろから左右に振っても回転しない場合は絞めをねらう。そうすると相手は絞めが入る隙間を作らないように体を小さくして防御するため、左右の支えがなくなって回転させやすくなる。

Point!
回転するときは相手と自分の体が「一本の棒」になるように

寝技の部分稽古

さまざまな場面で使える三角絞めをマスターする

ねらい

難易度	★★★★★
時間	各3〜5分

得られる効果
▶ スピード
▶ スタミナ
▶ パワー
▶ テクニック
▶ 柔軟性
▶ 巧緻性

Menu 053　基本的な三角絞め（俗称：横三角）

やり方

1. 四つん這いの相手に対して三角絞めを仕掛ける。相手はそれを防御する

Point! 帯と柔道衣を持って相手の頭方向に圧をかける

カカト→ヒザ→カカト→ヒザの順で足を入れる

相手が逃げる瞬間でもあるので隙間はなくす

足を三角の形にロックする。逆の足に三角を組み直してもよい

相手の腕をくくってから、反対側の腕を持って自分のほうへ

再度、足を三角（逆）に組み直す

 **なぜ必要?**

≫ 寝技が強いと自信を持てる

寝技はやればやるだけうまくなる。また、技術を知っていれば攻めることもできるし、守ることもできるので多彩な攻撃パターンがある三角絞めは覚えておきたい。立ち技から倒れた後は一本でない限り寝技になる。寝技の技術に自信があれば積極的に投げも仕掛けていけるのだ。

相手の体重を利用して回転

足を三角でロックしたら相手の腕をくくる

自分のヒザではなく、ももを畳につけるように移行

ヘソを畳につけるように相手に圧をかけて崩上四方固めへ。重心は相手の頭の方向へ

横三角をかける際のチェックポイント

⚠️ ポイント①
反対側の足首は立てる

足を入れるときはカカト→ヒザ→カカト→ヒザの順番で入れていくが、このとき反対側の足首は必ず立てておくこと。正座足になるとバランスを崩しやすい

⚠️ ポイント②
回転するときは カカトとヒザの隙間をなくす

足が入ったら体を倒しながら回転する。この瞬間は相手にとっても逃げるチャンスになるため、カカトとヒザの隙間をなくして逃げられないようにする

⚠️ ポイント③
相手の動く隙間をなくす

帯もしくは上衣の裾を使用して腕をくくる。相手のヒジを鋭角にして動く隙間をなくす

⚠️ ポイント④
ヒザ裏と足首をつける

相手の首をロックしたらヒザ裏に足首しっかりつけて完全に固定する。ここからももを畳につけながら体重移動して相手に圧をかけながら崩れ上四方固めへ

正しい足の入れ方を覚える

この三角絞めでもっとも大事なのは足の入れ方。
相手が防御しているなかで足を入れていく方法を覚えよう。

股関節からヒジに ひっかける

▼足の付け根（股関節）から相手のヒジにひっかけ、矢印の方向へ力を入れてカカトをワキに入れる。

ワキから 足を入れる

▼相手のワキにカカトを入れようとしても亀の状態で閉じられていると入らない。

ヒジをつけて防御してきたら

▼相手が股関節にヒジをつけて防御すると、カカトを入れる反対方向に崩しやすくなる

寝技の部分稽古

Menu 054 横三角・応用編

> やり方

1. 四つん這いの相手に対して三角絞めを仕掛ける。相手が回転しない場合の仕掛け方を覚える

▲基本的な横三角で相手が耐え、体重を利用して回転できない場合

▲足を三角でロックする（ヒザ裏と足首）
▲相手の耐える力を利用して、回転する方向を決める（写真は３パターンあるなかの一例）

▲回転したら腕をくくるために自分の体を近づける
▲二の腕を胸につけるようにする

ワンポイントアドバイス

≫ 相手の耐える力を利用する

基本的な横三角を相手にこたえられたときの対処の練習。相手が踏ん張って回転できないときは踏ん張る力を利用するために逆方向に回転する。

▲相手の耐える力を利用して、P134「基本的な三角絞め」とは逆方向に回転

▲ヘソを畳につける

▲相手を一直線になるようにして回転

▲ヒジを鋭角にして腕をくくる

▲腕をくくったら、反対側の腕を持って自分のほうへ

寝技の部分稽古

Menu 055 横からの三角（俗称：縦三角）

> やり方

1. 四つん這いの相手に三角絞めを仕掛ける。相手に足が入らない場合の入り方を覚える

▲相手に足が入らない場合　　　▲首をまたぐ

▲足を三角でロック

首を刈っていく

相手ががっちりワキを閉じてどうしてもワキに足が入っていかないときがある。相手がワキばかり意識していると首の防御がおろそかになっていることが多い。そんなときは首をまたぐようにして足をひっかけ、回転しながら決めにかかる。

▲帯をつかみ90度方向に回転

▲畳に両手をつく

▲ヒザではなく、ももを畳につけるように崩し上四方固めに移行

▲ヘソを畳につけるように圧をかけ、重心は相手の頭の方向へ

寝技の部分稽古

Menu 056 背面からの三角（俗称：後三角）

> やり方

1. 四つん這いの相手に三角絞めを仕掛ける。防御する相手の背面から決める練習をする

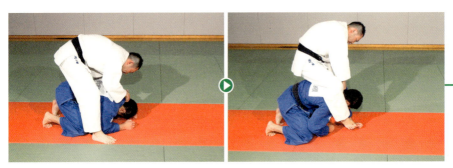

▲襟を引っ張り上げて足を入れる

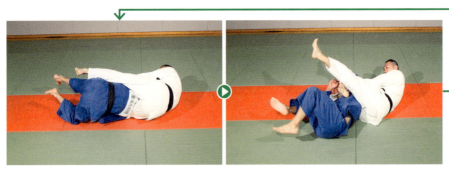

▲後襟を持った手で相手の動きを制する

▲ヒザ裏と足首がつくように後襟で頭を制しながら、もう一方の手で足を引きつけ再ロック

▲ヒザ裏の足は相手の尻に押し込む

Level UP! 足の入れ方のコツ

❶ 右手で後襟、左手で右襟を持つ。後襟を持った手で圧をかける。❷ 圧に耐える力を利用して、頭を引き上げる。❸ 肩から入れたカカトは対角線上のワキへ出す

▲ 引き上げて戻る力を利用して回転

▲ 足を三角にロック

▲ 相手と縦一直線になるように移動

▲ 腕を取って後三角絞め

寝技の部分稽古

Menu 057 引き込んでの三角（俗称：前三角）

やり方

1. 四つん這いの相手に三角絞めを仕掛ける。引き込む形で決められるように練習する

▲襟を持っている手で相手の頭が上がらないように制する

▲袖を持っている手で相手のヒジを自分の帯より上半身に移動させる

▲再度ロックして絞める（前三角）。腕十字固めでもよい

▲絞めきれない場合は抑えに移行

Level UP! 入り方を覚える

▲首にかけたい足の逆襟を持つ。持つ位置については、襟は耳の後ろ、袖はヒジの後ろ

▲相手が足をすくってきたのを利用して三角に入る

▲腰を浮かせて、腰をきる。ヒザ裏が首につくようにする

▲ヒザ裏と足首をつけるようにロック

▲相手の覆いかぶさって縦四方固め

▲腕十字固めへ移行（三角固め）。三角絞めでもよい

寝技の部分稽古

Menu 058 抑え込みを逃げながらの三角

> やり方

1. 抑え込まれた状態からスタートし、三角絞めにもっていく練習をする

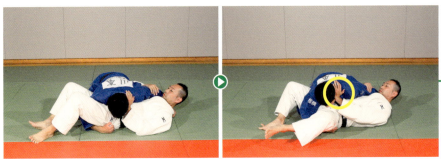

▲横四方固めで抑え込んできた相手の頭を帯より下にする

▲頭を制していた手も使って足を三角でロック。ヒザ裏と足首をつけるように

▲ロックが弱い、相手の力が強いなどの場合は腕がらみを併用する

≫ 相手の頭を帯より下に

抑え込まれてからの三角絞めを決めるポイントは相手の頭の位置だ。横四方で胸にアゴを乗せられた状態だと決めらないので、まずは相手の頭を押し下げて自分の帯の位置よりも下半身側にいくようにしよう。

▲頭を制しながら足を上げる　　▲内股の隙間をなくす

▲相手を前転させるように回転

▲回転しながら横四方へ　　▲下半身へ重心をかけて抑える

入り方のポイント

▼エビ、横エビで相手を下半身側へ重心をずらす　　▼前腕部分を相手のアゴと首へ

相手の顔の向きを矢印の方向へ

頭を制していた手も使って足を三角でロック

🖐 ワンポイントアドバイス

≫ 相手の顔の向きを変える

抑えられたピンチではあるが冷静に対処する。まずはエビ、横エビの動きで相手の重心を下半身側へずらす。そして手首からヒジまでの部分を相手のアゴと首に当てて顔の向きを下半身の方向へ向けさせる。相手の顔が足に近づけてきたら三角で捕獲する。

寝技の部分稽古

Menu 059 足三角

足三角の入り方を覚えよう

👆 ワンポイントアドバイス

≫ 柔道衣をつまみあげる

まずは自分の体に近い側の足を持ち上げる。このとき、柔道衣のヒザ裏部分をつまみ上げて持ち上げて自分の足に乗せる。もう一方の足も同様に柔道衣のヒザ裏部分を持ちげて足を交差させて、足首とヒザ裏でロックする。

足三角の連続写真

▲帯を持った手とヒジで相手の上半身に圧をかける

▲自分のももの上に相手のももを乗せる

▲引きつけながら、相手の足をまたぐ

▲相手のヒザ上で足をロックする

▲相手の上半身に圧をかけながら回転

▲相手の足を自分の方向に引きつける

▲ヒザ裏と足首をつける

▲つま先を畳につけないようにする。つけてしまうと足のロックが緩む

▲相手のワキと頭をすくう

▲胸を相手の胸と合わせる。上半身を決めるために、顔を矢印の方向にきる

寝技の部分稽古

Menu 060 十字から三角に切りかえる

やり方

1. 腕十字固めの体勢からスタートし、相手がこらえてきたところで三角絞めに移行する

▲相手の頭にある足を矢印方向に圧をかける

▲相手が耐えて頭を上げる瞬間に足を移動

▲足を三角でロック

 **なぜ必要?**

≫ 臨機応変な技の対応を身につける

腕十字はかなり力を必要とし、相手ががっちりロックしているとなかなか決まらない。そんなときのために三角絞めに切りかえる技術をマスターする。

▲相手の腹にある足を相手の腕の下から肩口へと差し込む

▲足首が相手の肩より上にくるようにする

▲相手の後頭部にももをつける

▲三角絞めに移行

▲足首をヒザ裏につけることで絞めることができる

COLUMN 3 寝技と立ち技の大きな違い

　寝技と立ち技の大きな違い、それには時間的な猶予の差があります。立ち技では、たとえば背負い投げがくるとわかっても、そこから考えて対応したのでは間に合いません。次の瞬間には投げられてしまっています。

　これは野球のバッターにたとえるとわかりやすいかもしれません。投げられた球を見つめながら「どうしよう？」と考えていると、気づいたころにはキャッチャーのミットの中に球が入っています。考えながら打っているようでは遅い。それは柔道の立ち技でも同じことがいえます。

　また、体格やセンスも立ち技には大きく影響してきます。とくに相四つの場合だと、普通に組めば体の大きな選手のほうが有利です。また間合いを詰められると、小さい選手が技術を活かせる余地が少なくなるため、やはり大きな選手のほうが有利となってきます。

　一方、寝技には時間的なゆとりがあります。寝技は知恵の輪と一緒です。技に入られそうになっても、その対応を考えるだけの時間の余裕があるのです。

　知恵の輪と一緒ということは、外し方、抑え方を知っていると、比較的楽に対応できるということです。餌を撒きながら攻めていき、相手が食いついたところで技を決めにかかることもできます。知っていれば、ちゃんと対応できる。

　逆にいえば、寝技を熟知している相手と対戦したときに、自分がその対処法を知らなければ、簡単にやられてしまいます。寝技の技術を知っているのと知らないのとでは、試合展開に大きな違いが生まれてきます。

　今では場外で相手を投げた後も抑え込みにいけるので、寝技の効力が見直されてきました。寝技は練習すればするほど強くなります。センスや相手との体格の違いに大きく展開を左右されることもありません。寝技の練習では、努力を積み重ねていけば、必ずその効果を得られるのです。

第 7 章
フィジカル強化

基礎体力において、柔道選手に必要なのは
100mダッシュの瞬発力、400m走の筋力、1500m走の持久力である。
柔道の練習だけで、それらのすべてを完全に養えるわけではない。
ここでは、道場で行える種目を中心に、
柔道の実戦に活きるフィジカル強化方法を紹介する。

フィジカル強化

Menu 061 アジリティトレーニング

アジリティトレーニング　①ステッピング

やり方

1. 各種アジリティトレーニングの基本となる動作。足を肩幅くらい広げて立つ。ヒザを曲げて腰を落とし、カカトを上げてステッピング動作を行う

前屈みにならない

▲前屈みにならない。腰は「曲げる」のではなく「落とす」

アジリティトレーニングとは!?

俊敏性や機敏性、巧緻性を養うトレーニング方法。柔道においては、相手の動きに対応する能力を高められる。初動作を素早く行うことを意識して取り組む

アジリティ
トレーニング
②90度回転

やり方

1. 小刻みに素早くステップを踏みながら90度回転する。片方向だけではなく、左右を行う。右回転、左回転どちらもできるようにする

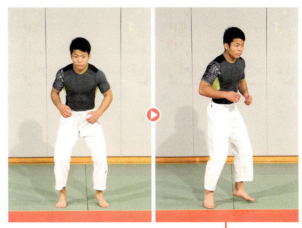

ヒザを上げすぎる

◀足をドタバタしてヒザを上げすぎるのはNG。ステップは小刻みに早く

アジリティトレーニング
③左右方向へのステッピング

やり方

1. 指示者が指定した方向にステップ。このとき、股関節から足を開くようにして、ヒザは腰よりも高く引き上げるのがポイント。足は横に開く。移動したら動きを止めずその場でステッピングして反対方向へ。

アジリティ
トレーニング
④バービー&ジャンプ

やり方

1. ステッピングを開始し、指示者の合図によってバービーを行う。すぐに立ち上がり、指示者の合図によって抱え込みジャンプ。着地したらステッピングを行う。

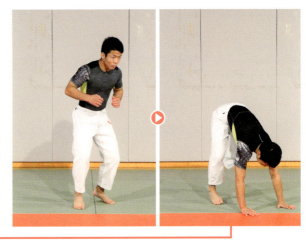

アジリティトレーニング
⑤合図に合わせてダッシュ

やり方

1. 指示者の合図でステッピングを開始し、ダッシュの合図で指示者の距離までダッシュ。初動作の一歩目を素早く。距離は1.5～2.5畳と短いので全力で走りきる

アジリティトレーニング
⑥合図に合わせて腰をきる

やり方

1. 指示者の合図でステッピングを開始。指示者の左右の合図に合わせて腰をきる。このとき、上半身の向きは前を向いたまま腰だけ素早くきるようにする

アジリティトレーニング ⑦合図に合わせて回転

> やり方

1. 指示者の合図でステッピングを開始。指示者の左右の合図に合わせて180度回転する。素早く元の方向に戻る。戻ったら、動きを止めずにそのままステッピングを開始

二人一組で行うアジリティトレーニング　鬼ごっこ式パターン1

やり方

1. 後者が両腕を伸ばし、ぎりぎり前者に触れるくらいの距離をとる。お互いが「気をつけ」の姿勢になり、指示者の合図でダッシュする。後者は前者をタッチするように追いかけ、前者は後者にタッチされないように逃げる。指示者の距離まで前者が逃げ切れれば勝ち。後者はタッチできれば勝ち。負けたほうはペナルティー

▲指示者はフェイントを入れることもある

二人一組で行うアジリティトレーニング　鬼ごっこ式パターン2

やり方

1. お互いに向き合い、両腕を伸ばす。指先がぎりぎり触れる距離をとる。お互いが「気をつけ」の姿勢になり、指示者の合図でダッシュする（前者は反転してダッシュしてもバック走でも可）。後者は指示者の合図が見えるが、前者は見えないため音と後者の反応のみが頼りになる。指示者の距離まで前者が逃げ切れれば勝ち。後者はタッチできれば勝ち。負けたほうはペナルティー

Menu 062 「引きつける力」を養う筋力トレーニング

柔道衣登り

▲柔道衣と同じ素材のトレーニング用のロープ

▲お尻を畳につけた状態でスタート。足は使わず、上半身の力だけで登る

柔道衣懸垂

▲柔道衣と同じ素材を用いた懸垂。懸垂バーにひっかけて行う

▲両手でしっかりと握って懸垂を行う。通常の懸垂よりも握力が必要

パワープレートを活用する

ここからはトレーニングの特別編として
パワープレートを用いたトレーニングを紹介する。

🔍 パワープレートとは⁉

振動するプレートに乗ることでストレッチ、トレーニング、リラクセーションが1台で可能となったトレーニングマシン。プレートが振動すると、筋肉は振動とは逆方向に体を支えるため収縮する。この反射運動によって筋力が鍛えられる。

振動の方向は前後、左右、上下の3次元。振動強度は1秒間に25回から50回と調整が可能。

⚠ ポイント
体幹力を養う

- いかなる競技においても体幹の強さは重要。振動するプレートに乗りプランクなどのコアエクササイズを行うことで、身体は自然とバランスを保とうとし、安全に体幹力が養える
- ケガを負う危険性がなく、また短時間で全身の筋肉を鍛えられる
- 負傷中で練習ができないときにはリハビリテーションにも活用できる
- プレートに乗ってストレッチすると筋肉が弛緩し、マッサージ効果も得られる

フロントプランク+ボール
使用部位:体幹

やり方
1. 肩の真下にヒジを置き、腕をプレートに押しつける
2. 足はバランスボールに乗せる

⚠ ポイント
肩からくるぶしまで一直線

肩からくるぶしまでを一直線に保ち、上半身を水平にする。腹部が落ちてこないように注意する

シングルレッグRDL
使用部位:臀部

やり方
1. 片足立ちになり、背筋を伸ばしたまま股関節から前屈する
2. 同側の腕と足を真っすぐ伸ばす

⚠ ポイント
へそは下に向ける

骨盤が開かないように、股関節から前屈してへそを下に向ける

アーム&レッグリーチ
使用部位:体幹

やり方
1. プレート上に四つん這いになる
2. 対角の腕と足を伸ばす

⚠ ポイント
腰を傾けない
上半身を水平にし、腰が傾かないように注意する

ペルビックブリッジ＋ボール
使用部位:体幹、臀部、ハムストリング

やり方
1. プレートに足を置き、腰幅に開く
2. 肩甲骨の辺りをバランスボールに乗せて姿勢を保つ

⚠ ポイント
ヒザから肩まで一直線
腰が反らないように注意しながら、ヒザから肩までを一直線に保つ

アブドミナルクランチ
使用部位：腹部

やり方

1. プレート上に仰向けになる
2. 肩甲骨が浮く程度まで上半身を起こす

ポイント

手に力を入れすぎない

手に力が入りすぎないように、腹部の力で上半身を支える

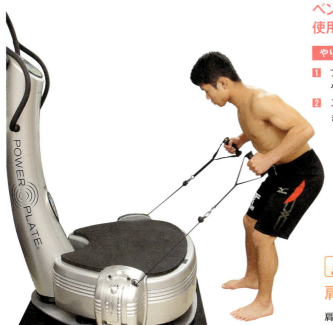

ベントオーバープル
使用部位：背筋

やり方

1. プレートから離れて立ち、やや前傾する
2. ストラップを軽く握って引き寄せる

ポイント

肩甲骨を寄せる

肩甲骨を寄せるようにしてヒジでストラップを引く

プッシュアップ＋ボール
使用部位：肩　腕　胸

やり方
1. プレートにスタンスを広くとって手を置く
2. バランスボールにつま先を置く
3. 手の位置に胸を下ろす。

⚠ ポイント

腹部を落とさない
体が真っすぐになるようにして腹部が落ちないように注意する

スクワット
使用部位：太もも　臀部

やり方
1. プレート上に腰幅にスタンスを取り立つ。
2. 後ろに座るように腰を落とす。

⚠ ポイント

ヒザは内側に入らない
背中が丸くならないように胸を張り、ヒザが内側に入らないように注意する

スクワット＋ショルダープレス
使用部位：太もも　臀部　肩

やり方
1. スクワットの姿勢をとる
2. 胸を開き肩の高さでケーブルを握り、頭上を引き上げる動作を繰り返す

⚠ ポイント
背中を丸めない

ケーブルを頭上に引き上げる際、背中が丸まらないように注意する

ランジ
使用部位：太もも　臀部

やり方
1. 足部の真上にヒザがくるように、プレートの中心に片足を置く
2. 前足に体重をかけながら、上半身をやや前傾にし、背筋を伸ばす

⚠ ポイント
ヒザはつま先より出さない

ヒザがつま先より前に出ないように注意する

CONCLUSION
おわりに

勝つことも大事だが、負けたことで得たものはもっと大事
ぜひ柔道で素晴らしい「先行体験」を

　それぞれの練習でもっとも大事なのは、「課題」を持って「正確に技に入る」ことです。スピードは後からでも養えます。最初からスピードを追ってしまうと、間違った形を覚えがちです。一度覚えてしまった間違った形を矯正するには、それなりの時間がかかります。まずは「正確に入る」こと。そして、次の段階としてスピードをつける、パワーをつけるなどして技の完成度を高めていくようにします。

　しかしながら、指導者向けの実技の講習会、講演会などでは、実施者の技能が優れているため、スピードを追いがちになってしまう方が多数見受けられます。講習会、講演会を受講するにあたって重要なのは、「見やすい場所、聞きやすい場所で受講する」「必ず質問をする」「自分でやってみる」「正確に行う」、この4つです。質問をすれば、講演者は技術的な深い部分まで教えてくれます。そして、その内容を実際に、正確にやってみることが大切です。

　また、我々指導者はマンネリ化しないように練習内容を組み立てていく必要がありますが、実際にはなかなか難しい部分もあります。そこで大きな意味を帯びてくるのが、自主的に課題を見つけ練習に取り組むという選手各自のスタンスです。

　学校を卒業すると、人は否が応にも競争社会に放り込まれます。そこでは「失敗をしてしまったから会社を辞める」のではなく、その失敗を次に生かしていくという姿勢が重要になります。

　いかなる競技スポーツにおいても「常勝」ということはあり得ません。誰もが、

必ず負けることを経験します。競技スポーツでは「負けたからそのスポーツを辞める」という選手はほとんどいません。多くの選手は、次の目標に向かって努力を重ねていきます。そういった、社会で必要とされる姿勢を競技スポーツでは自然と養えます。これを我々は「先行体験」と呼んでいます。この「先行体験」が進んでいるところが競技スポーツのよいところです。

東海大学付属相模高等学校柔道部では試合の翌日は必ず反省会を行います。どうして負けたのか。自分には何が足りなかったのか。そこから何をしていけばいいのか。選手各自で具体的に敗因を掘り下げ、自分自身の課題を見つけ出すようにしています。「組み負けした」だけではダメです。なぜ組み負けしたのかを考える。勝つこともも

ちろん大事ですが、負けたことで得たものはもっと大事です。考えて克服していくことで新しい自分と出会えるのです。

そして練習はその課題を持って、一日単位、一週間で計画を立てて取り組んでいきます。競技スポーツでは、強いから友達ができるとか、弱いからできないとかいうことはありません。手を抜かずに一生懸命に取り組んでいる人のもとには、必ず仲間たちが集まってきます。そこで生まれた絆は、一生の宝物になります。みなさんもぜひ、柔道で素晴らしい先行体験を経験していただければと思います。

東海大学付属相模高等学校柔道部総監督

林田和孝

著者&チーム紹介

著者
林田和孝　はやしだ・かずたか

1951年8月12日生まれ。神奈川県横浜市出身。柔道七段。東海大学柔道部師範。東海大学付属相模高等学校及び中等部柔道部総監督。神奈川県柔道連盟強化部長、神奈川県高体連柔道専門部副部長。1976年4月〜2002年8月まで東海大学付属相模高等学校柔道部の監督を務め、2002年9月より総監督に就任。監督・総監督として全国選手権優勝6回（個人戦優勝者9名）、金鷲旗大会優勝5回、全国高等学校大会（インターハイ）優勝8回（個人戦優勝者23名）の実績を誇り、シドニーオリンピック金メダリストの井上康生をはじめ、羽賀龍之介、高藤直寿と3人の世界王者を育てている。

撮影協力
東海大学付属相模高等学校柔道部

過去に全国大会優勝21回を誇る名門。ロサンゼルスオリンピック金メダリストの山下泰裕、シドニーオリンピック金メダリストの井上康生、2013年世界選手権優勝の高藤直寿、2015年世界選手権優勝の羽賀龍之介、2015年世界選手権団体優勝メンバーの王子谷剛志、吉田優也など、世界の舞台で活躍する選手を数多く輩出している。

| デザイン／有限会社ライトハウス |
| 黄川田洋志、井上菜奈美、 |
| 田中ひさえ、今泉明香、藤本麻衣 |
| 写　　真／馬場高志 |
| 編　　集／藤本かずまさ（プッシュアップ）、 |
| 　　　　　佐久間一彦（ライトハウス） |

差がつく練習法
柔道　世界で勝つための実戦的稽古

2015年12月25日　第1版第1刷発行

著　者／林田和孝

発　行　人／池田哲雄
発　行　所／株式会社ベースボール・マガジン社
　　　　　　〒101-8381
　　　　　　東京都千代田区三崎町3-10-10
　　　　　　電話　　03-3238-0181（販売部）
　　　　　　　　　　025-780-1238（出版部）
　　　　　　振替口座　00180-6-46620
　　　　　　http://www.sportsclick.jp/

印刷・製本／広研印刷株式会社

©Kazutaka Hayashida 2015
Printed in Japan
ISBN978-4-583-10841-4　C2075

＊定価はカバーに表示してあります。
＊本書の文章、写真、図版の無断転載を禁じます。
＊本書を無断で複製する行為（コピー、スキャン、デジタルデータ化など）は、私的使用のための複製など著作権法上の限られた例外を除き、禁じられています。業務上使用する目的で上記行為を行うことは、使用範囲が内部に限られる場合であっても私的使用には該当せず、違法です。また、私的使用に該当する場合であっても、代行業者等の第三者に依頼して上記行為を行うことは違法となります。
＊落丁・乱丁が万一ございましたら、お取り替えいたします。